Uta Over · Mein Pferd wird alt

Uta Over

Mein Pferd wird alt

Müller Rüschlikon

ISBN 3-275-01194-4

1. Auflage 1996

Titelfoto: Sabine Küpper
Lektorat: Carola Nowak
Satz: FIBO Lichtsatz GmbH, D – 80337 München
Druck: Maisch & Queck, D – 70839 Gerlingen
Bindung: Karl Dieringer, D – 70839 Gerlingen
Printed in Germany

Inhalt

Wie alt ein Pferd ist, läßt sich oft nicht in Jahren messen: der 23jährige, aber keineswegs „alte" Connemara Song of Autumn mit Brigitte Timm in ihrer Wahlheimat Portugal. Wieviel Stolz und Liebe der Besitzerin spricht aus diesem Bild!

Mein Pferd wird alt

„Mein Pferd? Nein – *mein* Pferd doch nicht!" So denken viele Reiter und schieben den Gedanken weit von sich, daß auch *ihr* Pferd älter und damit weniger leistungsfähig, später vielleicht sogar einmal nicht mehr reitbar sein wird.
„Bis dahin hat es noch Zeit", winken sie ab und übersehen dabei oft die leisen Vorboten des Alters: mangelnde Leistungsbereitschaft oder Leistungsfähigkeit, eine gewisse Steifheit bei der Aufwärmarbeit, die sich bildenden Altershöhlen über den Augen, Gallen an den Fesselgelenken und Spat am Sprunggelenk – kleine „Zipperlein", wie sie auch Menschen haben.
Schnell ist man mit Pülverchen und Salben bei der Hand, die es mittlerweile sogar im freien Handel in Massen gibt; es ist nicht mehr verpönt, Lahmheiten schnell zu „beseitigen", indem man sie kurzzeitig vertuscht. So überspielt man auch die Schwäche, die nach dem Höhepunkt der Leistungsfähigkeit folgt – man will sie nicht wahrhaben und fordert dem Pferd Leistungen ab, die es eigentlich nicht mehr erbringen sollte.
Das Alter kommt für den Reiter und Pferdebesitzer dann oft scheinbar plötzlich. Für das Pferd nicht – es hat den allmählichen Alterungsprozeß schon früher gespürt; aber

Pferde in den Händen unverständiger Menschen haben wenig Möglichkeiten, sich zu wehren, wenn sie sich schwach fühlen. Solche überforderten Pferde sind nach ihrem Leistungshöhepunkt dann schnell „verbraucht" und klappen ebenso rasch zusammen.
Dabei geht es auch anders! Wenn man den Alterungsprozeß von vornherein, also schon bei der Ausbildung des jungen Pferdes, ins Auge faßt, wenn man ihn bewußt akzeptiert und die Forderungen ans Pferd diesem Bewußtsein anpaßt, kann man die Leistungsfähigkeit viel länger erhalten. Und selbst wenn das Pferd den möglicherweise hohen reiterlichen Anforderungen nicht mehr entspricht, muß das noch lange nicht sein Ende bedeuten. Es gibt viele Möglichkeiten, ältere Pferde sinnvoll zu beschäftigen und sie auch ihren Unterhalt verdienen zu lassen.
Auch dann, wenn das Pferd nicht mehr arbeiten kann, sollte es nicht als unnützer Fresser betrachtet werden. Ihr Pferd hat Sie viele Jahre lang begleitet; es war in allen Lebensbereichen – sei es Stall, Weide oder Futter – total auf Sie angewiesen, war ganz von Ihnen abhängig und hat für das, was Sie ihm gaben, alles getan, was von ihm verlangt wurde.
Mußte es nicht manchmal auch Ihre Launen ertragen, mußte es vielleicht mal bis zur Erschöpfung arbeiten, oder gab es Zeiten, in denen es vernachlässigt wurde? Es gibt wohl keinen Pferdebesitzer, der seinem Pferd nicht für irgend etwas Abbitte zu leisten hätte. Jetzt kann es vielleicht nicht mehr arbeiten – ist es deshalb nichts mehr wert? War es wirklich nur ein Nutzgegenstand für Sie?
Sie hätten doch nach Ihrem Arbeitsleben auch noch gern eine gute Rente und eine schöne Zeit – oder?
Natürlich erfordert es zunächst einige Umstellung, für ein Pferd zu sorgen, das vielleicht nicht mehr reitbar ist. Dennoch ist man es seinem Pferd schuldig, gerade jetzt

für es da zu sein – und deshalb sollte man sich früh genug mit dem Gedanken an das Altern befassen.

Wie alt werden Pferde?

Früher galt ein Pferd als alt, wenn es etwa 25 Jahre alt war. Besonders die Arbeitspferde auf dem Land gingen oft mit über 20 Jahren noch vor der leichten Egge. Den schweren Erntewagen oder den Pflug mutete man ihnen nicht mehr zu, aber für weniger anstrengende Arbeiten wurden sie bis ins hohe Alter herangezogen. Allerdings – man soll die alten Zeiten ja auch nicht allzu verklärt sehen – arbeiteten sie dann meist auch bis zum Umfallen.
Die Kavalleriepferde wurden meist mit etwa 16 Jahren ausgemustert, dienten dann aber häufig noch viele Jahre als private Reit- oder Jagdpferde. Allerdings gibt es viele belegte Fälle, in denen Kavalleriepferde auch im Dienst sehr alt wurden. Friedrich der Große ritt beispielsweise in der Schlacht von Mollwitz ein 40jähriges Pferd, und auch sein Leibpferd Condé wurde 41 Jahre alt.
Am 14. April 1830 wurde im Elsaß ein braunes Hengstfohlen geboren, dem man den Namen Many gab. 41 Jahre später verrichtete Many im Feldzug 1870/71 als Wallach noch schwerste Dienste als Vorspannpferd. Drei Monate lang leistete er bei der Belagerung von Paris harte Arbeit und kam nach Aussagen seines Besitzers in erstklassiger Verfassung wieder zu Hause im Elsaß an.[1]
Spohr berichtet in seinem Buch *Die Logik in der Reitkunst* sogar von einer arabischen Schimmelstute, die in der französischen Kavallerie am Rußlandfeldzug 1812 teilnahm und später – im Alter von 58 Jahren – ihren Besitzer noch beim täglichen Spazierritt trug. Nicht selten taten 18- bis 20jährige Pferde noch „bei den Batterien"

[1] von Wrangel, Das Buch vom Pferde, Olms Presse

Pascha – 40 Jahre ist mein Pony alt und noch klar im Kopf und kerngesund.

Dienst – und der war gewiß nicht leicht. Spohr, der Oberst bei der preußischen Kavallerie war und dessen Werke um die Jahrhundertwende erschienen, geht im übrigen davon aus, daß Pferde zwischen dem zwölften und dem 25. Lebensjahr am leistungsfähigsten sein dürften.[2]

Wenn man bedenkt, daß die Pferde bei der preußischen Kavallerie gewiß nicht in Watte gepackt wurden, ist das eine erstaunliche Aussage.

Aber auch Privatpferde konnten und können sehr alt werden. So ritt ein irischer Jagdreiter im Jahre 1860 mit einem 54jährigen Pferd eine Fuchsjagd mit, und zwar bis zum Ende.

[2] Spohr, Die Logik in der Reitkunst Bd. 4, Olms Presse

Ein hochtrainierter Hunter – nur sorgfältige Ausbildung und gründliches Training stellen sicher, daß er lange leistungsbereit bleibt.

Wer irische Fuchsjagden kennt, kann ermessen, was dieses Pferd leisten mußte.[3]
Das älteste Pferd dürfte jedoch Old Billy gewesen sein. Er lebte Anfang des vorigen Jahrhunderts in England und erreichte das wahrhaft biblische Alter von 62 Jahren.[4]
Sicherlich sind solche Pferde Ausnahmefälle – aber mit ebenso großer Sicherheit gibt es viel mehr alte Pferde, als mancher glaubt. Man muß sie nur so alt werden lassen...

Durchschnittsalter sechseinhalb Jahre...

Man sollte es nicht glauben – aber nach der Statistik der Pferde-Lebensversicherungen wird das deutsche Reitpferd gerade mal sechseinhalb Jahre alt! Vor einigen Jahren waren es noch acht Jahre, dann ging das Durchschnittsalter rapide nach unten.
Woran liegt das? Mit Sicherheit nicht daran, daß die Pferde von Natur aus nicht mehr so langlebig sind wie früher... Daß Pferde häufig nicht übers jugendliche Alter hinauskommen, hat andere Gründe. In erster Linie sind die Gleichgültigkeit, der Unverstand, der falsche Ehrgeiz, die Kaltherzigkeit und die Geldgier der Reiter dafür verantwortlich – leider kann man es nicht netter ausdrücken.
Dazu muß man wissen, daß von dieser Versicherungsstatistik hauptsächlich Sportpferde erfaßt werden. Die Reglements fast aller sportlichen Disziplinen jedoch sind nicht dazu gemacht, Pferden genügend Zeit zum Aufbau von Knochen, Muskeln und Sehnen zu lassen.
Die Westernprüfung „Reining Futurity" beispielsweise ist der Höhepunkt im Leben eines speziell trainierten We-

[3] Spohr, Die Logik in der Reitkunst Bd. 4, Olms Presse

[4] von Wrangel, Das Buch vom Pferde, Olms Presse

sternpferdes – und diese Prüfung legen die Pferde laut Reglement der National Reining Horse Association in Deutschland bereits im Alter von drei Jahren ab! Hierfür muß das viel zu junge Pferd topfit und hochtrainiert sein. Es muß Galoppwechsel ausführen, Zirkel im Galopp verkleinern und vergrößern, Spins (Drehungen um die Hinterhand) und Sliding Stops (Stoppen aus dem Galopp mit Schlidderphase auf der Hinterhand) beherrschen. Wie soll das im Alter von drei Jahren korrekt gehen – in einer Phase, in der das Wachstum des Pferdes noch lange nicht abgeschlossen ist! Mit 18 Monaten oder knapp zwei Jahren kommt das Pferd ins Training, und ab dann tickt die Uhr. Ein bis eineinhalb Jahre hat der Trainer Zeit, den jungen Körper zu Leistungen zu bringen, die dem Alter absolut unangemessen sind.
Wer jedoch meint, das sei nur in der Westernszene so, täuscht sich. Auch die Prüfungen der Deutschen Reiterlichen Vereinigung (FN), also die herkömmlichen Turnierprüfungen, sind teilweise für extrem junge Pferde ausgeschrieben: Vierjährige können bereits an A-Springen teilnehmen, von Fünfjährigen wird bereits ein L- und sogar ein M-Parcours verlangt. Mit sieben Jahren – da sind die Pferde mit ein bißchen Glück gerade ausgewachsen – geht es dann über den S-Parcours.
Nun ist es ja nicht so, daß die Pferde diese Hindernisse im Turnier zum erstenmal überwinden! Sie springen sie lange vorher, das Training dauert *mindestens* ein halbes Jahr. Das heißt im Klartext, daß bereits dreieinhalbjährige Pferde extremen körperlichen Belastungen ausgesetzt werden.
Daß dabei manches junge Pferd auf der Strecke bleibt, ist vorprogrammiert. Und dieser „Verschleiß“ muß wohl mit einkalkuliert sein, sonst wären die Reglements schon lange geändert worden.
Natürlich gibt es immer wieder Cracks auch im großen Sport, die richtig alt werden und dennoch leistungsfähig

sind – Rembrandt Borbet von Nicole Uphoff-Becker beispielsweise oder Deister von Paul Schockemöhle. Aber bei ihnen handelt es sich um die wenigen, die übriggebliebe sind... Die meisten Sportpferde sind viel, viel früher verbraucht.

Viel anders ist es auch im Galopp- und Trabrennsport nicht. Die Rennen der Zweijährigen sind wahre Publi-

Kinderarbeit im Rennsport: Hier werden schon Zweijährige regelrecht „verheizt".

kumsmagneten – und die wettfreudigen Zuschauer übersehen dabei total, daß es sich hier um Kinderarbeit handelt.

> **TIP**
> Wenn man wirklich mit einem sehr jungen Pferd auf ein Turnier gehen will, sollte man sich wenigstens die Prüfungen aussuchen, die die Beine nicht gar so sehr belasten – also keine Springprüfungen und keine Wettbewerbe, in denen viele enge Wendungen und Drehungen verlangt werden.

Lediglich im Distanzreitsport gibt es ein strengeres Reglement und umfassende Tierarztkontrollen während und nach den Prüfungen. Überforderte, überanstrengte oder gar erschöpfte Pferde werden hier aus der laufenden Prüfung genommen.
Wären die Reglements der anderen Reitsportdisziplinen so streng wie beim Distanzreiten, wären wenigstens während und nach den Prüfungen Tierarztkontrollen vorgeschrieben, so würde die Statistik des Pferdesterbens wohl anders aussehen.
Doch selbstverständlich gibt es auch unter Freizeitreitern solche, deren Pferde nicht alt werden. Man muß aber deutlich sagen, daß hier nicht gar so viele junge Pferde „verheizt" werden wie im Turniersport.

Der natürliche Tod des alten Pferdes

In drei Situationen sind Pferde in der Natur besonders gefährdet:

- als Fohlen im ersten Winter ihres Lebens, wenn sie noch ihr Fohlenfell haben und völlig durchnässen – das ist oft lebensgefährlich;

- als Stuten bei der Geburt eines Fohlens und
- als alte Pferde, die entkräftet sind.

Diesen alten Pferden geht meist deshalb die Kraft aus, weil sie nicht mehr genügend Nahrung aufnehmen können. Im Alter verändert sich nämlich die Zahnstellung. Die Schneidezähne, mit denen das Pferd Gras abrupft, standen bisher stumpfwinklig zueinander. Mit zunehmendem Alter geht die Stellung der Schneidezähne in einen immer spitzeren Winkel über, und das bedeutet, daß das Pferd die Nahrung nicht mehr abrupfen kann. Doch selbst trockenes Gras, welches das Pferd nicht abrupfen muß, kann nicht mehr gekaut werden, weil sich die Backenzähne durch das Mahlen der Nahrung über die Jahre immer mehr abreiben. In der Folge leidet das Pferd Hunger.
Trotzdem verhungert kaum ein Pferd in der freien Natur. Pferde sind als gejagte Tiere immer auf der Flucht vor Raubtieren – und schwache Pferde sind eine leichte Beute. Bevor also ein Pferd verhungert, wird es meist von Raubtieren getötet.
Anders ist es in Gegenden, in denen die Pferde keine natürlichen Feinde haben wie beispielsweise die sogenannten Dülmener Wildpferde im Merfelder Bruch in Westfalen. Hier fehlt das Regulativ des Raubwildes, und die alten Pferde verhungern tatsächlich; wie das mit dem Status einer sogenannten Wildpferdeherde zu vereinbaren ist, steht auf einem anderen Blatt ... Leider ist es eine Tatsache, daß die Dülmener Wildpferde mangels natürlicher Feinde meist im Alter von ungefähr 30 Jahren verhungern. *
Man kann also davon ausgehen, daß Pferde unter natürlichen Lebensbedingungen ein ähnliches Alter erreichen; nur sterben sie in der freien Natur schneller.

* Auskunft der Herzog von Croy'schen Gutsverwaltung

DEISTER – Das Paradebeispiel eines Hochleistungspferdes

Selbst Reiter, die dem Springreiten nicht unbedingt zugetan sind, kennen seinen Namen. Der markante Braune von Diskant-Adlerschild xx wurde im Jahre 1971 geboren – und Deister ist eines der erfolgreichsten Springpferde aller Zeiten. Unter seinem Reiter Paul Schockemöhle wurde er dreimal Europameister, mehrfach gewann er das Hickstead Derby und war bei der Olympiade plaziert.
Deister wurde rechtzeitig aus dem großen Sport genommen, um seinen Lebensabend noch genießen zu können. 1989 wurde er offiziell verabschiedet. Heute lebt er zusammen mit seinen „Kollegen" Flint (* 1967), Landlord (* 1977) und Walzerkönig (* 1979) im Stall Paul Schockemöhle in einem großen überdachten Paddock und kommt täglich auf die Weide. Geritten werden die Pferde nicht mehr. Sie wurden systematisch abtrainiert und werden auch weiterhin intensiv betreut.
Gerade Sportpferde, die früher viele Stunden mit Menschen verbrachten und für die größtenteils der Pfleger die Bezugsperson ist, kann man nicht einfach „wegstellen", ohne daß sie Schaden nehmen.
Um die vier alten Herren kümmert sich deren Pflegerin Christine Trompeter besonders intensiv. Sie würde es begrüßen, wenn die Pferde so lange wie möglich auf Turnieren im Hochleistungssport vorgestellt würden. Ruhestand ist für viele nämlich gleichbedeutend mit Abgeschobenwerden.

Ein alter Connemarahengst erlebt in Gesellschaft „seiner" Stute und seines jeweiligen Fohlens auf der Weide einen schönen Lebensabend.

Gesund und glücklich bis ins hohe Alter?

Bei domestizierten Pferden ist meist der Mensch dafür verantwortlich, wie alt ein Pferd wird. Von Anfang an ist das Pferd vom Menschen abhängig – ja, sogar noch vorher, denn er bestimmt durch die Festlegung der Eltern soweit wie möglich über die Erbmasse des Pferdes. So gibt es Pferderassen, die als langlebig gelten. Genau genommen sind sie jedoch nicht langlebiger als andere Rassen – sie finden nur seit vielen Generationen Lebens- und Haltungsbedingungen vor, die den Bedürfnissen der Spezies Pferd besonders gut angepaßt sind.
Zum einen handelt es sich dabei um Ponyrassen, die unter harten Bedingungen aufwachsen: robust aufgezogene Haflinger, Bosniaken, Mérenspferde, Camarguepferde und andere weitgehend naturbelassene Rassen mit wenig Fremdbluteinfluß. Zum anderen sind es Pferde, die aus trockenen Gegenden mit kargem Nahrungsangebot stammen wie Berber, Araber und asiatische Pferderassen. Zwei völlig verschiedene Pferdetypen, denen eines gemeinsam ist: Sie sind seit Jahrtausenden bodenständig, und sie wurden nie mit Rassen gekreuzt, die den jeweili-

gen Bodenverhältnissen und damit dem Nahrungsangebot, dem Klima und so weiter nicht angepaßt waren.
Wer nun glaubt, ein in Friesland lebendes arabisches Pferd hätte eine geringere Lebenserwartung als sein Genosse in der Wüste, den kann ich trösten: So schnell finden genetische Veränderungen nicht statt; sie brauchen schon ein paar Generationen Zeit...

Langlebigkeit beginnt bei der Aufzucht

Das Kapital eines leistungsfähigen Reitpferdes ist sein Körper – er muß gesund und belastbar sein. Wichtig sind starke Knochen, geschmeidige und kraftvolle Sehnen, eine gute Muskulatur, eine gesunde Lunge sowie ein starkes Herz.
Bei der Geburt bringt das Fohlen die Voraussetzungen dafür mit. Aber all diese Körperteile und -funktionen müssen auch trainiert und aufgebaut werden. Knochen werden nicht von selbst stark, und Sehnen kräftigen sich nicht durch Herumstehen. Eine Muskulatur baut sich nicht auf, wenn das Fohlen auf einer Miniweide oder gar im Stall neben der Mutter aufwächst. Und eine leistungsfähige Lunge bekommt das junge Pferd nur durch ständige Bewegung in frischer Luft.
Mit einem Wort: Bei der Aufzucht wird schon der Grundstein für ein hohes Alter gelegt – oder eben nicht... Um die Gesundheit und Leistungsfähigkeit eines Pferdes bis ins hohe Alter zu erhalten, sollte es als Fohlen niemals allein im Vorgarten aufwachsen. Fohlen gehören in Herden mit Gleichaltrigen, wo sie rennen, toben, sich zanken und soziales Verhalten untereinander lernen können.
So nett die Stute mit dem Fohlen hinterm Haus sein mag, artgerecht ist eine solche Aufzucht nicht. Keine Stute veranstaltet mit ihrem Fohlen derart exzessive Rennen,

Fohlen sollten unbedingt in einer Gruppe von Gleichaltrigen aufwachsen. Nur hier können sie ihre Kräfte messen und ihre Grenzen erkennen.

wie das Fohlen in einer Gruppe Gleichaltriger tun. Und keine Stute zankt sich spielerisch mit ihrem Fohlen und läßt es seine Kräfte messen und erkennen wie Fohlen untereinander.

Genauso wichtig ist die Fütterung des Fohlens, die ebenfalls Auswirkungen bis ins hohe Alter hat. Wer kennt nicht die aufgepeppten Zweijährigen, die auf Materialschauen gehen und viel zuviel Körpermasse mit sich herumschleppen, nur weil's Mode ist! Die Knochen und Gelenke dieser Pferde werden schon im Fohlenalter mit der Körpermasse überlastet – die Folge sind oft irreversible Schäden.

Doch auch das andere Extrem ist nicht selten: mickrige Jungpferde mit zuwenig Körpermasse, wackeligen Beinen und oft etwas unsicheren Bewegungen. Diese Pferde haben zuwenig Futter bekommen, zuwenig Vitamine und vor allem auch zuwenig Mineralstoffe.

Wer also langlebige Pferde aufziehen will, muß den Grundstein dafür bereits bei der Fohlenaufzucht legen.

TIP
Pferde – und damit auch Fohlen – können extreme Witterungsbedingungen sehr gut aushalten und brauchen den klimatischen Reiz. Man kann einem Fohlen also nichts Schlimmeres antun, als es „in Watte zu packen" und es nur bei allerbestem Wetter auf die Weide zu schicken... Ein bißchen Kälte oder Hitze macht ihm weniger aus, als viele meinen.

Nicht zu jung anreiten

Springwettbewerbe für vierjährige Pferde und entsprechend schwere Dressurwettbewerbe sollten verboten werden. Erst mit sechs oder sieben Jahren ist ein Pferd ausgewachsen; vorher sollten von ihm keine körperlichen Höchstleistungen verlangt werden.
Natürlich *kann* das junge Pferd schon springen, aber Knochen, Sehnen und Bänder brauchen viel Zeit zum Aufbau. Die Muskulatur entwickelt sich dagegen relativ schnell. Bei einem jungen Pferd hat sie sich bereits nach einem Vierteljahr etwa zur Hälfte auf eine neue Belastung eingestellt. Sehnen, Knochen und Bänder brauchen dafür jedoch ungefähr ein Jahr. Das bedeutet, daß der Bewegungsapparat etwa eineinhalb bis zwei Jahre braucht, um reell trainiert und gefestigt zu sein. Und wie soll man das bei einem Vierjährigen schaffen?
Wen wundert's also, daß der häufigste Grund für das „Ausmustern" eines Pferdes ein Sehnenschaden ist!
Vor der Vollendung des dritten Lebensjahres sollte man

An einer schrittweise aufbauenden, behutsamen Gymnastizierung und Konditionierung führt kein Weg vorbei, wenn man sein Pferd über viele Jahre leistungsfähig erhalten möchte.

junge Pferde auf keinen Fall anreiten. Und selbst dann sollte man ihnen zunächst nur die rudimentärsten Grundbegriffe beibringen, sprich: den Reiter auf dem Rücken zu dulden. Diese Gewöhnung an das Reitergewicht erzielt man, indem man das junge Pferd zwei- bis

dreimal sattelt und für ein paar Minuten „reitet". Danach sollte das Pferd noch eine Ruhepause haben, bis es dann vierjährig angeritten und leicht belastet wird. Erst mit etwa sechs Jahren kann es voll belastet werden, wenn es dauerhaft gesund und leistungsfähig bleiben soll.
Es geht die Mär, daß es frühreife und spätreife Pferde gibt. Glauben Sie dieses Märchen nicht! Es gibt Züchter und Reiter, die Geduld haben – und solche, die keine Geduld haben. Natürlich ist es verlockend, ein junges spritziges Pferd auch spritzig zu reiten – aber was zählt ein halbes Jahr Wartezeit, wenn man dem Pferd dafür viele gesunde Lebensjahre mehr schenkt!
Haben Sie also Geduld mit Ihrem jungen Pferd, reiten Sie es vorsichtig und spät genug an und bereiten Sie es schonend und langsam auf größere Leistungen vor.

TIP

Gerade jungen Pferden gibt man beim Anreiten oft eine größere Kraftfutterration. Damit sollte man aber vorsichtig sein, denn ein Zuviel an Kraftfutter geht den Pferden „in den Kopf". Sie sind dann so aufgepeppt, daß sie ihre eigene Müdigkeit kaum zur Kenntnis nehmen und mehr anbieten, als sie eigentlich leisten können.

Auch Pferde brauchen Ruhepausen

In England ist es seit jeher Brauch, Sportpferde im Winter für einige Monate pausieren zu lassen und auf die Weide zu schicken. Sogar Pferde aus dem sogenannten großen Sport wie die Weltmeisterschafts-Stute Dollar Girl von John Whittacker kommen in diesen Genuß.
Whittacker konnte sich lange nicht dazu durchringen, seine Stute drei Monate lang überhaupt nicht arbeiten

zu lassen. Er befürchtete einen massiven Konditionsverlust, langzeitigen Leistungsabfall, Verfettung und so weiter. Um so erstaunter war er, als er Dollar Girl nach drei Monaten Ferien wieder ins Training nahm: Die Stute war frischer und arbeitswilliger denn je, von Konditionsverlust keine Spur; und schon einige Monate später holte sie den Europameistertitel im Springen.

Auch in Island ist es üblich, die Reitpferde den Winter über frei zu lassen. Dort hat das zwar den Hintergrund, daß man keine oder kaum Heufütterung kennt und die Pferde sich draußen altes Gras und anderes Futter suchen sollen – aber auch hier hat man die Erfahrung gemacht, daß die Pferde nach ihren Ferien frisch und arbeitswillig sind. Fazit: Auch Pferde müssen mal die Seele baumeln lassen können...

Das können sie selbstverständlich nicht in einer Box. Schon der in vielen Ställen immer noch existierende Stehtag ist für die Pferde schlimm: ein Tag, an dem sie zur Bewegungslosigkeit verdammt sind und der von lähmender Langeweile erfüllt ist. Selbst sehr müde und überanstrengte Pferde würden sich auf einer kleinen Weide besser erholen als in einem Gefängnis von neun bis zwölf Quadratmetern Größe!

Wer seinem Pferd also etwa zwei Monate wohlverdiente Ruhe pro Jahr gönnt, sollte ihm diesen Urlaub auf der Weide ermöglichen. Natürlich ist es nicht leicht, eine Koppel beziehungsweise einen Pensionsstall mit Weide zu finden, wo man das Pferd für so kurze Zeit unterbringen kann. Aber machbar ist es.

Vielleicht kann man die Pferdeferien ja auch vom heimischen Stall aus organisieren. In manchen Pensionsställen bietet sich die Möglichkeit des ganztägigen Weidegangs, eventuell können die Pferde sogar nachts draußen sein. In welcher Jahreszeit man seinem Pferd diese Ferien gönnt, hängt von der Rasse, der Haltungsform und den örtlichen Gegebenheiten ab. Einen leichtfuttrigen Haflin-

Urlaub vom Alltag tut Pferden aller Rassen und Einsatzgebiete gut.

TIP

Gönnen Sie Ihrem Pferd doch dann Ferien, wenn auch Sie in den Urlaub fahren. Anstatt jemanden zu bitten, Ihr Pferd während Ihrer Abwesenheit zu bewegen, könnten Sie jemanden suchen, der Ihr Pferd morgens auf die Weide bringt, nach ihm schaut und es abends wieder reinholt. Ihrem Pferd gefällt das bestimmt!

ger wird man nicht gerade im Frühjahr ganztägig auf die Weide lassen, während ein Araber damit wenig Probleme haben dürfte; und ein Islandpferd schätzt einen Winterurlaub sicherlich mehr als heiße Tage auf der Sommerweide.
Für Pferde, die jeden Tag geritten werden – und mehr noch für Boxenpferde –, ist ein solcher Urlaub ein Jungbrunnen: Er verlängert das Leben, weil sich Körper und Geist mal richtig erholen können. In diesem Punkt unterscheiden sich die Pferde wenig von den Menschen.

Das Nachlassen der Leistungen erkennen

Es gibt immer mal wieder Leistungseinbrüche bei Pferden. Sie können durch Krankheiten, hormonelle oder jahreszeitliche Zyklen bedingt sein; der Fellwechsel beispielsweise nimmt manche Pferde sehr mit. Es kann aber auch sein, daß man sein Pferd einmal überfordert hat und es daraufhin berechtigterweise „sauer" ist, oder das Pferd hat einfach einen schlechten Tag, an dem wörtlich nichts geht.
All das kommt vor und kann überwunden werden. Bei einem 15jährigen oder älteren Pferd, das in seinen Leistungen kontinuierlich nachläßt, sollte man aber nach gründlicher tierärztlicher Untersuchung auch daran denken, daß diesem Pferd vielleicht schlicht und einfach der Alterungsprozeß zu schaffen macht.
Das ist ein Gedanke, mit dem man sich nur schwer anfreundet; aber man muß das Pferd deshalb ja auch nicht gleich in Watte packen oder in die Ecke stellen. Nur sollte man es sehr genau beobachten und beginnen, vermehrt Rücksicht zu nehmen.
Jetzt ist die Zeit vorbei, in der das Pferd mit seinen Kräften auch mal Raubbau treiben konnte – oder der Reiter dies tat –, jetzt muß mit den Kräften hausgehalten wer-

den; sie müssen gut eingeteilt werden, damit sie dem Pferd noch möglichst lange zur Verfügung stehen.

Schonend abtrainieren

Wenn Sie beschlossen haben, daß Ihr Pferd ab jetzt seinen wohlverdienten Ruhestand genießen soll und nicht mehr zu arbeiten braucht, sollten Sie ihm das schonend beibringen.

Wer kennt nicht den Schock der Rentner, die plötzlich „nicht mehr gebraucht werden", die sich nutzlos fühlen und mit ihrer Freizeit nichts anzufangen wissen... Nun ist es ja nicht so, daß Pferde mit ihrer Freizeit nichts anzufangen wüßten – aber als Reit- oder Fahrpferde sind sie doch eine gewisse regelmäßige Arbeit und menschliche Zuwendung gewohnt, und die fehlen ihnen jetzt.

Pferde sind Gewohnheitstiere – auch, was das Fressen und die Arbeit angeht. Der Körper muß also die Gelegenheit haben, sich langsam umzustellen, sonst können ernste gesundheitliche Komplikationen wie etwa Stoffwechselprobleme auftreten.

Reitpferde sind Kraftarbeiter und bekommen meist Kraftfutter. Natürlich könnte man von einem Tag auf den anderen das Kraftfutter weglassen, aber das verträgt der Pferdekörper nicht. Je stärker ein Pferd belastet wurde, desto länger sollte die Umgewöhnungsphase dauern. Sie haben die Kondition Ihres Pferdes über lange Zeit aufgebaut – und genauso müssen Sie ihr jetzt auch genügend Zeit lassen, sich allmählich abzubauen. Ein Pferd mit Bombenkondition und viel Energie braucht Arbeit – bei ausschließlichem Weidegang fühlt es sich fehl am Platze. Also sollten Sie Ihr Pferd langfristig abtrainieren, indem Sie allmählich die Anforderungen beim Reiten und die Dauer der Arbeit reduzieren. Parallel dazu muß auch die Kraftfutterration schrittweise verringert und durch mehr

Egal, ob Reit- oder Fahrpferd, ob hoch im Blut stehend oder robust: Arbeit und Kraftfutteranteil müssen unbedingt langsam und allmählich reduziert werden.

Rauhfutter ersetzt werden. So hat der Körper die Möglichkeit, sich langsam umzustellen; und auch der Geist des Pferdes kommt allmählich zur Ruhe.
Gönnen Sie Ihrem Pferd vermehrt gemütliche Geländeritte, aus denen mit der Zeit Spazierritte werden. Ganz langsam wird sich so nicht nur seine Kondition, sondern auch der Leistungsdruck abbauen, unter dem Reitpferde häufig stehen.

TIP

Einige Monate braucht es schon, bis sich Ihr Pferd daran gewöhnt hat, nicht mehr voll zu arbeiten. Diese Zeit sollten Sie bewußt einkalkulieren und auch genießen – nicht nur für Ihr Pferd ist der Arbeitsstreß vorbei! Auch Sie haben Zeit, sich von Ihrem *Reitpferd* zu verabschieden und in ihm in Zukunft nur noch Ihr *Pferd* zu sehen.

Erst wenn Sie merken, daß Ihr Pferd wirklich ruhig geworden ist und Gefallen am Bummeln findet, können Sie es ganz in die Rente entlassen.

Ein neues Pferd zum „alten"?

Optimal für alle Beteiligten ist es natürlich, wenn man es sich leisten kann, sich rechtzeitig ein „Ersatzpferd" für das älter werdende Pferd zuzulegen. Damit ist man viele Sorgen los. Nur sollte man früh genug daran denken. Sowie man die ersten Alterserscheinungen bei seinem Pferd bemerkt, sollte man sich intensiv umschauen.
Ein Fohlen kommt allerdings nur dann in Frage, wenn man meint, noch ein oder zwei Jahre Zeit zu haben; denn von einem Fohlen hat der Reiter zunächst überhaupt nichts. Man sollte ein Fohlen auf keinen Fall zusammen mit dem alternden Pferd halten – das wäre für beide nichts: Das ältere Pferd wäre genervt, und dem Fohlen würden die Spielkameraden fehlen. Mindestens zwei Jahre lang sollte das Fohlen in einer Gruppe von Gleichaltrigen aufwachsen, erst dann kann man es aus der Herde holen.
Mit einem Zweijährigen kann man schon etwas „anfangen"; man kann zum Beispiel mit der Bodenarbeit beginnen. So kommt man – wenn man daran gewöhnt ist, viel Zeit mit seinem Pferd zu verbringen – über die Phase hinweg, in der das ältere Pferd an Leistung nachläßt.
Man kann den vertrauten Partner schonend reiten und sich in der übrigen Zeit mit dem Neuling beschäftigen. Sowie das Jungpferd einigermaßen Manieren hat, bietet es sich an, es als **Handpferd** mitzunehmen; das ist für beide Pferde schön, wenn sie sich vertragen. Das alte Pferd wird mit einem jungen Herdengenossen an seiner Seite frischer gehen, und das junge Pferd erforscht sozusagen „unter Schutz" das Gelände. Doch nicht nur das:

Es lernt Gehorsam und Regulierung des Tempos – das heißt, nur in dem Tempo zu gehen, das der Reiter und das Reitpferd vorschreiben. Das ist unschätzbar für seinen späteren Einsatz als Reitpferd.
So kann das junge Pferd noch ein bis zwei Jahre lang als Handpferd mitgehen und währenddessen weiter geschult werden. Wenn es dann ein fertig ausgebildetes Reitpferd ist, ist Ihr altes Pferd vielleicht an einem Punkt

Ältere Pferde sind bestens dazu geeignet, Jungpferde ins Gelände mitzunehmen und ihnen die Welt „draußen" zu zeigen.

angelangt, an dem es sich gar nicht mehr so gern reiten läßt. Jetzt können Sie Ihr junges Pferd reiten und das alte als Handpferd mitnehmen. Ohne Reiterlast auf dem Rücken kann es unbeschwert noch lange Geländetouren genießen.
Selbstverständlich müssen Sie die beiden Pferde langsam aneinander gewöhnen und auch darauf achten, daß

Sie Ihr altes Pferd nicht vernachlässigen – auch Pferde verspüren Eifersucht! Und die kann gerade beim Handpferdereiten sehr unangenehm werden.
Wenn sich die beiden Pferde aber vertragen – und 98% aller Pferde vertragen sich nach entsprechender Gewöhnung miteinander -, werden Sie einige schöne Jahre erleben, in denen Sie mit beiden Pferden ins Gelände gehen können.
Handpferdereiten ist eine wunderbare Sache, denn hier spürt man das Vertrauen und den Gehorsam der Pferde wie sonst nirgends in der Reiterei. Der Reiter bildet zusammen mit den zwei Pferden eine kleine Herde, in der er selbst die „number one" ist, der alle vertrauen, auf die alle hinhören und die für alle verantwortlich ist.
Und selbst wenn Ihr neues Pferd ein Springpferd oder ein Dressurpferd werden soll – von den vielen Touren als Handpferd wird es in jeder Beziehung profitieren.

NELUSKO – 25 Jahre lang Deckhengst in Hannover

Nelusko war einer der prägenden Hengste der hannoverschen Warmblutzucht. Allein durch die Zahl der von ihm gedeckten Stuten – es waren immerhin 2270! – nahm er immensen Einfluß auf die Zucht, aber eben nicht nur durch die Zahl, sondern auch durch die Qualität seiner Nachkommen.
Nach 25 Jahren im Deckeinsatz mußte man erkennen, daß seine Befruchtungsfähigkeit stark zurückgegangen war, und man nahm ihn aus der Zucht. Um ihm aber keinen „unrühmlichen" Abgang zuzumuten, entschlossen sich die hannoverschen Privatzüchter, den Hengst vom Staat zu kaufen und ihm selbst ein Ende zu bereiten.
So versammelten sie sich eines Tages alle auf der Deckstation Altenbruch, um Nelusko noch einmal zu sehen; der Hengst zeigte sich in alter Frische. Man stellte ihn ordentlich hin, er wurde fotografiert – und dann traf ihn die tödliche Kugel. Unter den hohen Linden neben der Deckstelle fand Nelusko sein Grab.
So beschreibt es bewundernd ein Dr. Höpermann und fügt hinzu: „Mit dieser ehrlichen und beachtenswerten Tat haben die hannoverschen Züchter nicht nur dem Hengst, sondern auch sich selbst ein Ehrenmal gesetzt für alle Zeiten!" *
Ja – so war das im Jahre 1925.

* von Wrangel, Das Buch vom Pferde, Olms Presse

Um den körperlichen und psychischen Zustand eines alternden Pferdes richtig einschätzen zu können, braucht man viel Einfühlungsvermögen und eine gute Beobachtungsgabe.

Kinder und alte Pferde – eine gute Kombination. Betagte Pferde haben die nötige Gelassenheit, auch mal ungeschickte Kinderhände zu ertragen.

Was tun mit alternden Pferden?

Die Kräfte lassen nach...

Irgendwann ist es soweit: Die Kraft Ihres Pferdes läßt nach, und selbst bei allem Leistungswillen ist es nicht mehr so ausdauernd, so schnell oder so konzentrationsfähig wie früher. Jetzt sind Sie verpflichtet, auf Ihr Pferd einzugehen. Sie können nicht sagen: „Ach, ich reite es noch eine Zeitlang wie bisher, das wird es schon aushalten." Das geht nicht, das ist unanständig.
Vielleicht hält Ihr Pferd das wirklich noch einige Zeit aus, aber dann wird es mit ihm sehr schnell bergab gehen. Man sollte Pferden niemals ihr Letztes an Leistung abverlangen. Wir reiten unsere Pferde ja alle nicht mehr in mörderischen Kavallerieschlachten, in denen es um Leben und Tod geht, sondern zu unserer Freude und höchstens, um ein paar Turnierschleifchen und ein paar Mark Preisgeld einzuheimsen.
Also können wir ruhig etwas zurückstecken, wenn die Kraft des Pferdes nachläßt, und darüber nachdenken, ob wir dem Pferd jetzt nicht eine andere Aufgabe geben können, die es noch mühelos erfüllen kann.

TIP

Ziehen Sie einen Tierarzt zu Rate, wenn Sie spüren, daß die Kraft Ihres Pferdes nachläßt. Natürlich kann es das Alter sein, das anpocht – es kann sich aber beispielsweise auch um eine Mangelerscheinung oder eine Krankheit handeln.
Nur eine gründliche tierärztliche Untersuchung kann hier Klarheit schaffen.

Lehrpferd für einen jungen Reiter

Der Reiterspruch „Ein altes Pferd für einen jungen Reiter, ein junges Pferd für einen alten Reiter!" hat durchaus seine Berechtigung.
Junge Reiter sind meist wie junge Pferde: stürmisch, alles wollend und „alles könnend". Beide übersehen dabei, daß sie noch lernen müssen; und junge Reiter neigen dazu, die Kräfte ihres stürmischen jungen Pferdes zu überschätzen, was dem Pferd auf die Dauer gar nicht gut bekommt.
Ein junger Reiter, der weiterkommen will, ist gut beraten, ein älteres Pferd zu reiten. Zum einen kann er von dem Pferd lernen, zum anderen bietet das ältere und erfahrene Pferd einem etwas unsicheren Reiter eine gewisse Sicherheit.
Mit einem besonnenen Pferd können auch ängstlichere Eltern ihre Tochter oder ihren Sohn ins Gelände schicken; es soll ja kein uraltes, wackeliges Pferd sein – aber eines, das den Zenith seiner Leistungsfähigkeit überschritten hat und „weise" genug ist, seine Kräfte einzuteilen. Etwas besseres kann einem Jugendlichen gar nicht passieren. Zwar maulen manche zu Anfang, so ein altes Pferd zu bekommen; aber das legt sich schnell. Auch ältere Pferde gewinnen schnell die Herzen junger

Menschen; schneller vielleicht als junge, ungestüme Pferde, die von Jugendlichen kaum zu bändigen sind und sie im Grunde überfordern.
Und mancher etwas ruppige Junge oder manches zu ehrgeizige Mädchen entwickelt dann eine große Zärtlichkeit und Rücksichtnahme, wenn es darum geht, das ältere Pferd zu schonen. Das tut beiden gut – auch dem jungen Menschen, der auf diese ganz natürliche Weise lernt, Rücksicht zu nehmen und zurückzustehen.
Die Suche nach einem geeigneten Jugendlichen ist allerdings oft nicht ganz einfach. Auf entsprechende Zeitungsanzeigen werden sich vermutlich Hunderte von jungen Mädchen melden, die „schon immer ein Pferd haben wollten" und bereit sind, ihre Eltern zu überreden, die Garage dafür auszubauen...

Ein top ausgebildetes altes Pferd – einen besseren Lehrmeister für ein kleines Mädchen gibt es gar nicht.

So sollten Sie Ihr Pferd nicht allzu billig anbieten und schon gar nicht umsonst. Schließlich hat es vermutlich noch etliche gute Jahre vor sich und ist demnach auch „etwas wert". Außerdem schreckt man mit einem vernünftigen Preis alle nicht seriösen potentiellen Käufer ab. Sie müssen Ihr Pferd allerdings keineswegs unbedingt verkaufen, wenn Sie einen jungen Reiter für es suchen – es gibt auch andere Wege. Viele Eltern sind froh, wenn sie dem Drängen ihrer Tochter oder ihres Sohnes nach einem Pferd nachgeben können, ohne das Tier gleich kaufen zu müssen. Als Besitzer eines älteren Pferdes können Sie einem jungen Reiter beispielsweise sozusagen das Nutzungsrecht für Ihr Pferd einräumen und die Bedingungen dafür festlegen. Eine derartige Regelung kann so aussehen, daß die Stallmiete von dem Jugendlichen beziehungsweise von dessen Eltern übernommen wird; die Gegenleistung für das Reiten Ihres Pferdes könnte aber auch als Mithilfe im Stall, bei Turniervorbereitungen oder ähnlichem erbracht werden.
Solch ein Vertrag garantiert Ihnen jederzeit den Zugriff auf Ihr Pferd. Sie verlieren es nicht aus den Augen und können kontrollieren, was mit ihm geschieht. Eine derartige Vereinbarung ist keine so endgültige Sache wie ein Verkauf. Wie ein entsprechender Vertrag beispielsweise aussehen könnte, sehen Sie auf der rechten Seite.

Nutzungsvertrag

Hiermit wird folgendes vereinbart:
Frau S. (im folgenden Besitzerin genannt) überläßt ihr Pferd Waldfee dem Jugendlichen Peter K. (im folgenden Reiter genannt) zur Nutzung. Die Erziehungsberechtigten bestätigen ihr Einverständnis durch ihre Unterschrift.

Der Reiter übernimmt folgende Kosten:

1. Volle Stallmiete für das Pferd
2. Regelmäßige Impfungen und Wurmkuren sowie Hufbeschlag
3. Reguläre Tierhalter-Haftpflichtversicherung

Der Reiter hat folgende Rechte und Pflichten:

1. Regelmäßige Pflege des Pferdes
2. Regelmäßiges Reiten beziehungsweise Beschäftigung mit dem Pferd
3. Benachrichtigung des Besitzers bei Auffälligkeiten, Krankheiten und so weiter
4. Das Pferd ist optimal zu versorgen und seinem Alter entsprechend schonend zu reiten.
5. Der Reiter kann diesen Vertrag jederzeit mit einer Frist von ... Wochen kündigen.

Die Besitzerin hat folgende Pflichten:

1. Sie stellt dem Reiter das Sattel- und Zaumzeug des Pferdes zur Verfügung.
2. Sie trägt die Tierarztkosten bei Krankheiten. Ist eine Krankheit jedoch eindeutig durch Verschulden des Reiters entstanden, so trägt dieser die Kosten. Hierüber ist der Tierarzt zu befragen.
3. Sie ist berechtigt, den Nutzungsvertrag jederzeit zu lösen.
4. Sie übernimmt die Kosten für eine eventuelle Tötung.

TIP
Alte Pferde sind auch bestens dafür geeignet, Kindern und Jugendlichen den Umgang mit dem Pferd beizubringen, noch bevor es ans Reiten geht. Allein schon das Putzen und Führen kann ein Abenteuer und ein ständiger Lernprozeß für junge Pferdeleute sein.

Fahren statt reiten

Möglicherweise suchen Sie auch nach einer Alternative für sich selbst, wenn Ihr Pferd alt wird. Vielleicht möchten Sie kein anderes Pferd mehr haben; Sie wollen Ihr Pferd behalten und sich nicht auf ein neues Pferd einstellen müssen. Wenn Sie Ihrem betagten Pferd die Arbeit unter dem Sattel ersparen möchten, dann bietet sich die Alternative, Ihr Pferd einzuspannen und zu fahren. Bei erfahrenen Reitpferden ist es in den meisten Fällen einfach, sie einzuspannen. Die Umschulungsphase ist bei solchen Pferden relativ kurz.
Denken Sie vielleicht, Fahren sei langweilig? Keineswegs! Man muß es nur einmal ausprobieren. Sie werden entdecken, wie schön es ist, auf dem Kutschbock zu sitzen und das Pferd vor sich zu haben. Beim Fahren sehen Sie ja viel mehr von ihm als beim Reiten, und Sie wirken auch anders auf es ein. Das hat einen besonderen Reiz.
Außerdem werden Sie mit dem Pferd vor der Kutsche jetzt andere Gegenden entdecken als mit einem Reitpferd. Hatten Sie bisher asphaltierte Wege gemieden, so sind die Ihnen jetzt ebenso willkommen wie feste Feldwege; denn ohne das Reitergewicht werden die Beine Ihres Pferdes durch den harten Boden wesentlich weniger beansprucht, und Sie können auch hier lange Schrittreprisen einlegen. Ein weiterer Vorteil des Fahrens liegt

Ein kleiner Sulky ist zwar preiswert, aber unbequem.

darin, daß Sie auch jemanden mitnehmen können – auf einem Reitpferd hat man damit so seine Probleme...
Allerdings ist eine Fahrausrüstung relativ kostspielig – Sattel und Zaumzeug sind nichts dagegegen! Natürlich könnten Sie sich einen kleinen Sulky für 2000 Mark kaufen – aber Sulkys sind nur etwas für sportliche Fahrer. Und wenn Sie selbst es auch halbwegs bequem haben möchten, dann kommt nur eine vierrädrige Kutsche in Frage. Kutschen werden auch heutzutage noch weitgehend in Handarbeit gefertigt und sind daher nicht billig. Selbst ein gebrauchtes Exemplar bekommt man selten unter 6000 bis 8000 Mark. Dazu kommt das Kutschgeschirr – eine Menge Lederzeug, das viel Zug aushalten muß und entsprechend viel kostet. Mit insgesamt 10000 Mark müßten Sie für diesen „Neuanfang" mit Ihrem Pferd also schon rechnen.
Und nicht nur das: Ihren Sattel konnten Sie in einen Sattelschrank hängen oder auf einen Ständer legen; mit ei-

ner Kutsche geht das nicht. Sie braucht einen ordentlichen und trockenen überdachten Platz. Wenn es sich nicht um einen geschlossenen Raum handelt, muß die Kutsche sogar noch mit einer Schutzhülle abgedeckt werden, denn gar zu gern schlafen Katzen auf den Sitzen, oder kleine Vögel bauen ihre Nester in den vielen „Höhlen", die die Kutsche ihnen bietet.
Manch ein Reiter wird denken: Dann doch lieber ein neues Pferd. Der alte Sattel und das Kopfstück passen vielleicht auch noch... Das ist möglich. Aber wenn man sein jetziges Pferd liebt und bereit ist, dessen Alterungsprozeß auch als Chance zur Entdeckung neuer gemeinsamer Aktivitäten zu sehen – oder wenn man selbst vielleicht auch nicht mehr beweglich genug ist, um sich auf ein neues Pferd einzustellen, dann sollte man den Gedanken ans Fahren ins Auge fassen.
Glauben Sie mir: Sie werden gemeinsam mit Ihrem Pferd ganz neue, faszinierende Wege beschreiten!

TIP
Zum Fahren braucht man mehr Zeit als zum Reiten. Gesattelt ist schnell, das Anspannen dauert... Planen Sie also immer genügend Zeit ein. Auch wenn Sie nicht länger auf dem Kutschbock sitzen als bisher im Sattel, verbringen Sie mit Sicherheit mehr Zeit mit Ein- und Ausspannen, Geschirrpflege und so weiter!

Ein Leben als Gesellschaftspferd

Es gibt viele Leute, die sich den Traum erfüllt haben, ihr Pferd hinterm Haus zu halten. Vernünftige Pferdeleute sehen aber meist schnell ein, daß ein Pferd allein unglücklich ist. Denn Pferde sind Herdentiere; sie sind

streng hierarchisch geprägt und brauchen die Gesellschaft anderer Pferde – oder kennen Sie Menschen, die „pferdisch" sprechen?
Pferde, die allein endlose Stunden unglücklich am Zaun entlangtigern, die aus Langeweile und Frust koppen oder weben, die ebenso endlose Stunden traurig an einem Fleck stehen – sie leben oft schlagartig auf, wenn sie ein anderes Pferd zur Gesellschaft bekommen! Klar – denn dann sind sie wieder Mitglied einer Herde, auch wenn die noch so klein ist.
So suchen viele der vermeintlich glücklichen Pferdebesitzer sehr bald nach einer Gesellschaft für ihren unfreiwilligen Einzelgänger. Bei solchen Leuten könnte Ihr Pferd einen guten Platz bekommen, wenn es alt wird. Sie sollten Ihr Pferd jedoch nicht einfach weggeben, sondern ganz genau prüfen, wo es hinkommt, wie es dort lebt und was noch mit ihm geschieht.
Es gibt zwei Möglichkeiten: Sie können Ihr Pferd als Gesellschaftspferd verkaufen oder es mit einem Schutzvertrag in Pension und Nutzung geben.
Wenn Sie es **verkaufen**, verlieren Sie mit dem Vertragsbeginn sämtliche Rechte und Pflichten – weg ist weg sozusagen. Dafür bekommen Sie ja das Geld.
Geben Sie Ihr Pferd jedoch mit **Schutzvertrag** ab, so hat der zukünftige Besitzer Rechte und Pflichten dem Pferd gegenüber, Sie aber auch. Ein Beispiel eines Schutzvertrags finden Sie auf Seite 46.
Durch einen solchen Vertrag ist Ihr Pferd in gewisser Weise abgesichert. Daß nicht jeder, der ein Beistellpferd sucht, gerne einen derartigen Vertrag unterschreibt, liegt auf der Hand. Leute, die ein billiges Reitpferd suchen, das sie ausnutzen können, werden einen solchen Vertrag nicht schließen. Wenn aber jemand sein eigenes Pferd so liebt, daß er ihm uneigennützig die Gesellschaft eines Artgenossen gönnt, wird er den Vertrag unterschreiben.

Das wäre eine Lösung für Sie beide: Sie wüßten Ihr Pferd in guten Händen; und Ihr Vertragspartner hätte einen Kameraden für sein Pferd und vielleicht noch ein „halbes" Reitpferd für gelegentliche kleine Ritte.
Dennoch sollten Sie genau hinsehen: Ist das „Hauptpferd" ein freundliches Pferd oder eine Giftnudel? So was gibt es ja auch unter Tieren. Und ein altes Pferd ist schnell untergebuttert – ewig wird es zur Seite geschubst, nie bekommt es als erstes ein Leckerli und immer ist es der Letzte, wenn es darum geht, auf die Weide zu kommen... Suchen Sie sich also ein freundliches Tier aus, dem Ihr Pferd Gesellschaft leisten soll.
Wo man solch ein Pferd findet? Am besten inserieren Sie in einer der großen Freizeitreiter-Zeitschriften. Freizeitreiter halten ihre Pferde relativ oft „hinterm Haus" und suchen daher auch häufig einen netten Gesellschafter. Die üblichen kostenlosen Anzeigenblätter, die sogenannten Flohmarkt-Zeitungen, sollten Sie meiden – wer ein Gesellschaftspferd sucht, ist auch bereit, in eine Fachzeitschrift zu schauen oder dort selbst eine Anzeige aufzugeben.
Und lassen Sie sich Zeit! Machen Sie sich *langsam* mit dem Gedanken vertraut, Ihr Pferd in andere Hände zu geben; dann haben Sie auch genügend Zeit, gründlich zu suchen. Sowie Sie bei irgendwelchen Leuten ein komisches Gefühl haben – lassen Sie die Finger davon! Behalten Sie Ihr Pferd noch eine Weile – Sie haben es so lange gehabt, was zählen da ein paar Monate! Nur wenn Sie ganz sicher sind, daß Ihr Pferd es gut haben wird, sollten Sie es hergeben. Das sind Sie ihm schuldig.

Schutz- und Nutzungsvertrag

Hiermit wird folgendes vereinbart:
Der 25jährige Wallach Pedro, Eigentümer Herr A., geht mit dem heutigen Tag in den Besitz von Frau B. über, die das Pferd wie gesehen übernimmt.
Herr A. hat folgende Rechte und Pflichten:
1. Das Pferd kann nach Absprache jederzeit besucht werden.
2. Tierärztliche Behandlungen (außer Wurmkur und Impfungen) teilen sich Herr A. und Frau B.
3. Herrn A. bleibt die Entscheidung über eine Tötung des Pferdes vorbehalten. Einzige Ausnahme ist eine tierärztlich angeordnete Nottötung.

Rechte und Pflichten von Frau B.:
1. Frau B. sorgt für die artgerechte Unterbringung und Pflege des Pferdes in Pferdegesellschaft.
2. Für den Fall von Krankheiten oder Verletzungen des Pferdes steht eine gesonderte Box zur Verfügung.
3. Die Fütterung des Pferdes muß dem Alter angepaßt sein, also beispielsweise häufigere Fütterung beziehungsweise Spezialfutter.
4. Regelmäßige tierärztliche Behandlungen wie Wurmkuren oder Impfungen müssen von Frau B. durchgeführt und bezahlt werden.
5. Das Pferd kann leicht belastet werden.
6. Bei etwaigen schwereren Erkrankungen ist Herr A. schnellstmöglich zu benachrichtigen.
7. Das Pferd darf nicht weitergegeben oder verliehen werden.
8. Vor der Tötung des Pferdes – außer bei tierärztlich angeordneter Nottötung – ist der Eigentümer rechtzeitig zu informieren.

Ein Gesellschaftspferd kann auch ideal sein, um Kindern Vertrauen und gleichzeitig Respekt beizubringen.

Ein Fohlen aus meiner alten Stute?

Bei Hengsten im Galopprennsport oder im Springsport ist es normal: Wenn sie ausgesiegt haben, wenn keiner mehr gegen sie laufen will oder man den Zenith ihrer Karriere im Sport absehen kann, kommen sie ins Gestüt und üben dort einen neuen Beruf aus: Deckhengst.
Nun ist es einfacher, Deckhengst zu werden als Mutterstute. Schließlich ist der Deckakt selbst eine Sache von Minuten. Stuten hingegen tragen elf Monate lang ihr Fohlen, müssen es mühsam zur Welt bringen und mindestens die nächsten sechs Monate noch aufziehen – ein harter Job nicht nur für alte Stuten.

> **TIP**
> Haben Sie keine zu hohen Erwartungen an ein Fohlen aus Ihrer Stute! Es kann durchaus sein, daß es ganz anders ist als seine Mutter.
> Nicht jedes Springpferd bringt beispielsweise ein Fohlen, das auch für diesen Sport geeignet ist – und auch von Charakter und Temperament her können sich Mutter und Pferdekind erheblich unterscheiden.

Der Gedanke jedoch, ein Fohlen aus der eigenen Stute zu haben, ist verlockend: Man hätte ein junges Pferd, wenn die ältere Stute in ihrer Leistung nachläßt; die Stute hätte auch noch eine neue Aufgabe, und man würde vielleicht weniger trauern, wenn sie eines Tages stirbt, denn ein Stückchen lebt sie ja noch in ihrem Kind weiter...
Außerdem müßte die Stute nicht unbedingt im heimischen Reitstall stehen, sondern man könnte sie auf ein Gestüt geben, wo sie mit anderen Stuten und ihren Fohlen glücklich leben würde. Man hätte selbst vielleicht ge-

Ein Fohlen aus Ihrer alten Stute – warum nicht, wenn die Stute gesund ist und Sie das Fohlen artgerecht aufziehen können...

nug Zeit für ein neues Reitpferd; und kostenmäßig wäre es möglicherweise auch erschwinglich, denn die Unterbringung von Zuchtstuten ist meistens preisgünstiger als die von Reitpferden.

Der Gedanke wäre also zu überlegen – aber er muß früh genug gefaßt werden und nicht erst, wenn die Stute wirklich *alt* ist.

Alt ist nicht gleich alt

Wie „alt" Ihre Stute ist, hängt nicht nur von ihrem Lebensalter in Jahren ab. Wenn Ihre Stute – sagen wir mal – 15 Jahre alt und dabei topfit ist, bestehen normalerweise keine Bedenken, sie decken zu lassen. Viele berühmte Stuten aus dem großen Sport wurden nach ihrer aktiven Sportzeit als Zuchtstuten eingesetzt. Denken Sie nur an die Weltmeister- und Olympiastute Halla von Hans-Günter Winkler: Sie bekam mit 16 Jahren ihr erstes Fohlen und danach noch einige weitere. Keines ihrer Fohlen jedoch hatte die außergewöhnliche Qualität der Mutterstute: Es waren alles gute Pferde, neue „Hallas" jedoch waren sie nicht.
Ist Ihre Stute jedoch 15 Jahre alt und körperlich verbraucht, so sollten Sie ihr mindestens ein Jahr Erholung gönnen. Nach dieser Zeit muß sie einen absolut gesunden und munteren Eindruck machen – sonst sollten Sie sie nicht decken lassen. Gerade für ältere Stuten bedeutet die Trächtigkeit nicht nur die übliche körperliche Umstellung, sondern auch eine große Anstrengung. Züchten sollte man nur mit einer durch und durch gesunden und kraftvollen Stute. Sozusagen das Letzte aus der Stute herauszuholen, ist nicht zu verantworten. Ein solches Vorgehen hätte auch nichts mit Züchten zu tun – das ist gedankenloses Vermehren und bringt übrigens oft auch keine guten Fohlen. Wie sollte es auch – wenn die Mutter ihrem Kind nicht genug mitgeben konnte...
Erstlingsfohlen sind meist ohnehin etwas kleiner als das zweite oder dritte Fohlen einer Stute; das liegt daran, daß die Organe der Stute beim ersten Fohlen noch straff und unnachgiebig sind. Bei einer jungen Stute jedoch, die nicht intensiv gearbeitet wurde, dehnt sich die Bauchmuskulatur beispielsweise relativ mühelos. Nicht so bei einer älteren Stute, die vielleicht viele Jahre als Dressur- oder Springpferd eingesetzt wurde. Sie hat eine

straffe und harte Muskulatur und kann sie nicht so entspannen, wie es für eine Trächtigkeit wünschenswert wäre. Auch Stuten aus dem großen Sport sollten ein Jahr lang „relaxen" dürfen, bevor sie gedeckt werden – eben weil ihre Muskulatur so wenig nachgiebig ist, könnte eine sofortige Trächtigkeit gesundheitliche Probleme mit sich bringen. Ein Jahr Bummeln auf der Weide – vielleicht mit einem gemütlichen Geländeritt pro Woche – ist also ein Muß, bevor man eine solche Stute decken läßt.

Natürlich bezahlt man ein Jahr lang für ein Pferd, von dem man relativ wenig „hat". Aber was ist dieses eine Jahr im Vergleich zu den vielen Jahren, die Sie Ihr Pferd geritten haben – und im Vergleich zu einem wirklich gesunden, kräftigen Fohlen, das Sie aus Ihrer Stute noch haben können, wenn Sie ihr jetzt genug Zeit lassen? Gönnen Sie ihr also dieses Jahr, in dem sie sich entspannen und Kräfte sammeln kann. Es lohnt sich auch für Sie!

Sie sollten nicht züchten, wenn...

- ... Ihre Stute wirklich „verbraucht" ist. Vielleicht haben Sie ja eine alte Stute als Beistellpferd gekauft oder sind beim Pferdekauf hereingefallen. Wenn Ihre Stute nicht hundertprozentig gesund und topfit ist, vergessen Sie das Züchten!
- ... Ihre Stute eine Erbkrankheit oder die Disposition dazu in sich trägt. Ich selbst habe eine gute Stute, die unter Sommerekzem leidet – das ist ihr einziger „Fehler", den ich durch viel Aufmerksamkeit und Pflege gut in den Griff bekomme. Natürlich ist die Versuchung groß, meine Stute mit all ihren positiven Eigenschaften decken zu lassen – aber wer weiß, ob das Fohlen die Disposition zum Sommerekzem nicht noch stärker in sich trägt als seine Mutter? Was ist dann? Soll es den ganzen Sommer

im Stall verbringen oder ständig mit Cortison behandelt werden? Meine Entscheidung lautet: nein! Also lasse ich meine Stute nicht decken. Dasselbe gilt für Stuten, die Probleme mit der Hufrolle haben. Die Disposition zur Hufrollenentzündung ist erblich, das ist mittlerweile wissenschaftlich erwiesen.

- ... Sie nicht wissen, wohin mit dem Fohlen. Es gibt immer wieder Leute, die ihre ältere Stute decken lassen – und das Leben der Stute spielt sich wie bisher in der Box ab; jetzt allerdings bei weniger Arbeit unter dem Reiter. Das geht vor dem Abfohlen so – und danach steht der Besitzer samt Familie entzückt vor der Box, um sich an Stute und Fohlen zu erfreuen. Welch ein elendes Leben für Mutter und Kind! Und welch schlechte Startposition ins Leben hat das junge Pferd! Eine solche Haltungsform widerspricht den einfachsten Regeln der artgerechten Aufzucht. Wenn Sie nicht die Möglichkeit haben, Ihrem Fohlen von Anfang an die freizügige Gesellschaft Gleichaltriger zu bieten, sollten Sie nicht an Zucht denken.

Als Zuchtstute in fremde Hände?

Wenn Ihre Stute noch gesund ist, Sie aber absehen, daß sie Ihren Leistungsanforderungen in Zukunft wohl nicht mehr entsprechen wird, könnten Sie langfristig planen, sie als Zuchtstute wegzugeben. Weggeben – das bedeutet in diesem Fall wirklich nicht, das Pferd aufs Abstellgleis zu stellen! Es könnte vielmehr bedeuten, daß Sie Ihrer Stute noch viele schöne Jahre als Mutter gesunder Fohlen in Gesellschaft anderer Stuten und Fohlen gönnen und vielleicht eines der Fohlen für sich behalten.
Voraussetzung dafür ist in unserer heutigen Reiter- und Zuchtgesellschaft jedoch, daß Ihre Stute Papiere, also einen Abstammungsnachweis, hat. Es ist äußerst schwierig,

Bei alten Stuten, die bereits mehrere Fohlen hatten, ist eine Trächtigkeit weniger heikel als bei solchen, die zum erstenmal Mutter werden sollen.

selbst eine noch so gute Reitstute, die bedauerlicherweise nicht über dieses Papier verfügt, als Zuchtstute gut unterzubringen. Die meisten Zuchtbetriebe sind nur an Stuten bestimmter Rassen interessiert, weil sie gleichzeitig ihre eigenen Hengste einsetzen möchten.

Im Zeitalter der künstlichen Besamung gibt es jedoch zunehmend auch Zucht- und Aufzuchtbetriebe, die nicht rassegebunden sind. In manchen Betrieben ist es also durchaus möglich, eine Oldenburger Stute unterzubringen und mit künstlicher Besamung von einem Oldenburger Hengst decken zu lassen, obwohl der Betrieb beispielsweise in Baden-Württemberg oder in der Pfalz liegt. Hier ist unter Umständen langfristiges Suchen angesagt! Da die Zucht aber sowieso eine langfristige Sache ist, sollte das kein Hinderungsgrund sein.

Wenn irgend möglich, sollten Sie Ihrer Stute jedoch den sogenannten Freisprung in der Herde gönnen. Das be-

deutet, daß Ihre Stute zusammen mit anderen Stuten etwa eine Woche lang auf einer großen Weide ist – in dieser Zeit regelt sich die Rangordnung, und die Stutenherde ist ruhig und in sich gefestigt. Erst dann kommt der Hengst in die Herde und findet eine Phalanx von Weibern vor... Hier hat er nicht die Chance der groben Vergewaltigung, die oft beim Decken an der Hand angesagt ist. Er hat hübsch zu warten, bis die einzelnen Stuten hochrossig und deckbereit sind, sonst regnet's Hufe um die Ohren!
Leider wird diese Art der Bedeckung immer weniger praktiziert. Zum einen deshalb, weil sie kostenintensiver ist, denn die Stutenherde muß mindestens sechs Wochen lang zusammenbleiben – so lange dauert es, bis jede Stute rossig war und gedeckt werden konnte. Zum anderen sind viele Hengste durch nicht artgerechte Haltung und falschen Umgang derart neurotisch, daß ihre natürlichen Instinkte verkümmert sind und sie sich in einer Stutenherde einfach nicht mehr benehmen können.
Wenn der von Ihnen ausgesuchte Hengst also aus irgendwelchen Gründen nicht im Freisprung decken darf, müssen Sie auf eine Bedeckung an der Hand ausweichen.
Sie sollten aber unbedingt dabei sein, denn schließlich wollen Sie ja nicht, daß Ihre Stute malträtiert wird... Und das kann schnell der Fall sein, denn viele Gestüte bestehen beispielsweise auf der Fesselung der Stute. Dabei werden ihre Hinterbeine gefesselt, vorn wird sie gegen eine Wand gestellt. Wenn jetzt der Hengst kommt, hat sie überhaupt keine Möglichkeit, ihm auszuweichen. Und – glauben Sie es bitte! – viele Hengste sind bei dieser Art der Bedeckung zu reinen Sexmaschinen geworden. Rücksichtnahme, Vorspiel, vielleicht sogar Flirten – das kennen sie nicht mehr, sind sie durch ihre Haltung doch selbst frustriert und lassen ihre Aggressionen deshalb häufig rücksichtslos an der hilflosen Stute aus. Das

ist oft genug eine reine Vergewaltigung, aber auch aus der kann dann natürlich Ihr Fohlen entstehen.
Die Frage ist, ob Sie Ihrer Stute das Jahr für Jahr zumuten wollen, oder ob Sie sie statt dessen vielleicht mit dem letztjährigen Fohlen in eine Stutenherde geben und frei decken lassen. Suchen Sie sich einen Zuchtbetrieb aus, der Ihren Vorstellungen entspricht. Sie haben jetzt die Möglichkeit, Ihre Stute dort kostenlos leben zu lassen, indem Sie möglicherweise die Fohlen an den Besitzer des Betriebes abtreten. Oder Sie zahlen einen Teil der Pension und haben das Vorkaufsrecht an den Fohlen. Es gibt hier eine breite Palette von Möglichkeiten.
Wenn Ihre Stute jedoch gute Papiere hat und Sie einen erstklassigen Hengst suchen, haben die Fohlen gute Chancen im Leben – und damit auch gute Preise.
Auf keinen Fall sollten Sie Ihre Stute in einen Betrieb geben, in dem Hengste ohne Papiere decken – das sind reine Vermehrungsbetriebe, und wo die Fohlen dann landen, weiß der Himmel... Das sind dann die Billigpferde, die mit zwei Jahren angeritten und an gutgläubige unbedarfte Reitanfänger verkauft werden, die bald – und das ist vorprogrammiert – auch nicht mehr mit den Pferden zurechtkommen und sie weiterverkaufen.
Für Ihre Stute sollten Sie den besten Hengst auswählen, den Sie finden können. Und solange die Stute Ihnen

TIP

Gute Zuchtbetriebe finden Sie in Fachzeitschriften für Pferde. Sie können die Anschriften aber auch über die jeweiligen Zuchtverbände erfragen. Hören Sie sich ruhig ein bißchen unter Pferdeleuten um, welchen Ruf der von Ihnen ausgesuchte Betrieb hat! Positive wie negative Erfahrungen sprechen sich nämlich gleichermaßen herum.

gehört, sollten Sie sich jedes Jahr die Wahl des Deckhengstes vorbehalten.

MARY – Mit 36 Jahren immer noch arbeitswillig

„Sie war damals das Pferd von Richard Burton als Tristan", erzählte mir ihr Besitzer stolz, als ich die alte Mary im letzten Jahr fotografierte. „Damals sollte eine Szene gedreht werden, in der Tristan hoch über dem Meer über die Klippen galoppiert. Man brauchte ein mutiges und sicheres Pferd; und das war Mary."
Seitdem trägt sie Touristen durch die Gegend. Schon lange keine wilden Ritte mehr – aber ohne Arbeit will Mary selbst mit 36 Jahren nicht sein. Mehrfach schon wollte man sie aufs Altenteil setzen, aber Mary protestierte: Wenn die anderen Pferde weggeritten wurden, trottete sie nebenher, bis man ein Einsehen hatte und sie auf kleinen Strecken als Kinderpferd einsetzte.
So läuft sie auch heute noch pflichtbewußt etwa dreimal täglich die halbe Stunde zu dem kleinen See und zurück. Zwischen diesen Arbeitseinsätzen grast sie mit den anderen Pferden in dem milden irischen Klima frei auf den Wiesen rund ums Haus. Mary – ein altes Pferd, das hoffentlich eines Tages schnell und gnädig sozusagen „in den Sielen" sterben wird.

Robusthaltung hält gesund – bei extremer Kälte sind aber auch sonst robust gehaltene alte Pferde dankbar für eine schützende Außenbox mit Sichtkontakt zu den Herdengenossen.

Gesundheitliche Altersbeschwerden

Bei allen Lebewesen nehmen die Körperkräfte ab einem bestimmten Alter ab. Man wird steifer, man sieht oder hört schlechter, hie und da zwickt es mal – und so weiter... Das ist bei Pferden nicht anders. Dieser Alterungsprozeß findet bei freilebenden Pferden in der Natur genauso statt; und solange das Wohlbefinden der Tiere dadurch nicht bedeutend beeinträchtigt wird, sollte man auf diese leichten Altersbeschwerden einfach Rücksicht nehmen beziehungsweise versuchen, sie nach Möglichkeit zu lindern.

Altersbeschwerden sind keine Krankheiten, sondern ganz normale „Verschleißerscheinungen", die ältere Tiere – und manchmal auch ältere Menschen – selbstverständlich hinnehmen, da sie mit der Verlangsamung des gesamten Lebensrhythmus im Alter einhergehen. Was macht eine leichte morgendliche Steifheit schon aus, wenn man nicht auf eine Dressurprüfung muß, sondern sich einfach in die Sonne stellen kann? Und auch mit der nachlassenden Sehkraft kann man sich gut arrangieren, wenn man sich in seiner vertrauten Umgebung sicher fühlt und noch genauso gut hört wie vor einigen Jahren... Wichtig ist es aber, daß der Besitzer auch leichte Beeinträchtigungen bemerkt, sich in seinen Anforderungen an das Pferd darauf einstellt und die Altersbeschwerden soweit wie möglich mildert. Den alten Reiterspruch „Das Auge des Herrn macht das Pferd fett!" kann man ebensogut ummodeln in „Das Auge des Herrn läßt auch das alte Pferd noch fröhlich sein!"

Der Bewegungsapparat

Gliedmaßenerkrankungen gehören neben Atemwegserkrankungen zu den häufigsten Todesursachen der heutigen Pferde; meist handelt es sich dabei jedoch nicht um *natürliche* Verschleißerscheinungen.
Selbstverständlich nutzen sich auch bei Pferden in der Natur die Knochen ab, verlieren die Sehnen ihre Elastizität und sind die Bänder nicht mehr so fest. Natürlicherweise sind dies jedoch dem Alter entsprechende Prozesse – bei Reitpferden sind sie dagegen vom Willen und oft auch von der Unwissenheit des Reiters abhängig. Doch selbst ein sorgfältig ausgebildetes und verantwortungsbewußt gerittenes altes Pferd hat nicht mehr so bewegliche Gelenke wie ein junges – und wieviel weniger ein sportlich hoch gefordertes Pferd!
„Wer da fürchtet Spat und Gall, hat kein gutes Pferd im Stall", lautet ein altes Reiterwort. **Spat** ist eine Knochenauftreibung im Sprunggelenk, **Gallen** sind zuerst weiche, später chronisch werdende harte Ansammlungen von Gelenkflüssigkeit meist an den Fesselgelenken. Es wird behauptet, daß beides nach einer gewissen Zeit nicht mehr schmerzhaft sei – aber wer weiß schon, ob Pferde beispielsweise nicht auch wetterfühlig sind und „das Reißen in den Gliedern" haben, wenn diese etwas angeschlagen sind und älter werden?

Der Besitzer eines alten Pferdes muß genau hinsehen, ob sein Pferd ab und zu „ein bißchen lahmt". Manche Leute sehen das als normale Alterserscheinung an – es sollte aber nicht normal sein. Bei jeder Lahmheit muß die Ursache diagnostiziert und wenn irgend möglich beseitigt werden, denn Lahmheit ist immer der Ausdruck von Schmerz.

Genauso verhält es sich mit **rheumatischen Erkrankungen**, die bei Pferden im Alter auftreten können; auch sie bedürfen der Behandlung. Manchmal reicht es, die Gelenke ständig warm zu halten. Ich kenne ein Pferd, das im Winter mit regelrechten „Kniewärmern" um die Gelenke im Stall steht. Mit einem Wort: Es hat dicke Wollbandagen um die Beine. Sie halten alles warm, und das Pferd bleibt gelenkig. Zum Arbeiten werden diese dicken Wollbandagen durch leichte elastische Bandagen ersetzt – und solange das so gehandhabt wird, geht das Pferd offensichtlich beschwerdefrei. Vergißt man die Wollbandagen einmal – nobody is perfect –, geht das arme Pferd zwar nicht ausgesprochen lahm, aber es dauert längere Zeit, bis sich seine Steifheit verliert. Und das muß ja nicht sein.

TIP

Auch Pferde können wetterfühlig sein. Vielleicht kennen Sie es selbst, daß Sie bei bestimmten Wetterlagen Kopf- oder Gliederschmerzen haben. Achten Sie mal darauf, wenn Ihr Pferd einen „schlechten Tag" hat, ob das mit dem Wetter zusammenhängen kann.

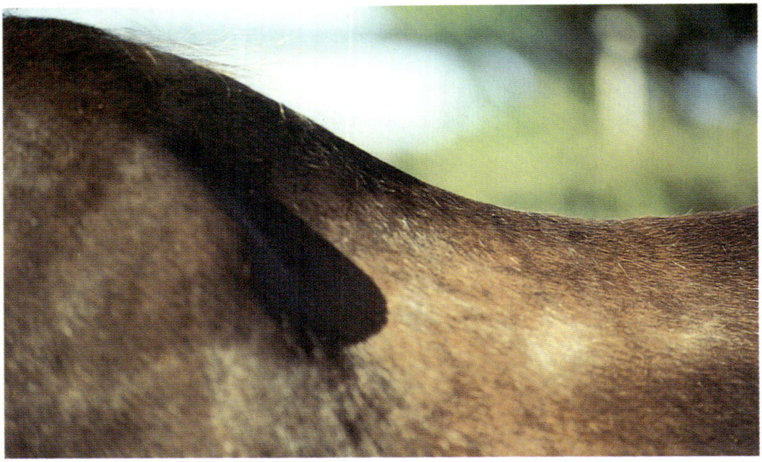

So manche Lahmheit hat ihre Ursache in Rückenproblemen. Diesem alten Pferderücken sieht man an, daß er schon einiges mitgemacht hat.

Leichte Arbeit kann die Gesundheit fördern: Dieses 36jährige Pferd trägt noch täglich Touristen an einem irischen Strand. Schon mehrfach war es „ausgemustert" worden, aber es vertrug den Ruhestand nicht und trauerte. Immer wieder holte man es zurück, und es wurde wieder fröhlich.

Der Verdauungsapparat

Pferde haben einen relativ kleinen Magen und einen langen Darm. Das Fassungsvermögen des Magens liegt bei zehn bis 15 Litern, zudem ist die Muskulatur des Magens nicht besonders dehnfähig. Daher können Pferde keine großen Mengen Futter auf einmal fressen. Denken wir daran, wie das Pferd in der Natur frißt: Schritt für Schritt sucht es sich Gräser und Blätter, die es dann jeweils in kleinen Mengen abrupft. Dieses Futter, in kleinen Portionen aufgenommen, verdaut sich leicht. Kraftfutter hingegen ist schwer verdauliches Futter, und es wird oft in großen Portionen verabreicht, die dem Gesundheitszustand des Pferdes nicht förderlich sein können.

Alte Pferde haben wie alte Menschen oft einen empfindlicheren Magen; sie bekommen leicht Magendrücken und Bauchweh – und das führt bei Pferden leicht zu einer Kolik. Hochleistungspferde, die große sportliche Leistungen vollbringen müssen, füttert man oft fünfmal täglich mit kleinen Portionen, um ihnen eine gewisse körperliche „Leichtigkeit" zu erhalten. So sollte man auch bei alten Pferden vorgehen: leichtes Futter, und das mehrmals täglich. Schwerverdauliches Futter wie Gerste und Mais sollte nur in geringen Mengen und dann zumindest gecrackt, besser noch gewalzt verfüttert werden; sonst richtet es mehr Schaden an, als es nützt.

Gutes Heu jedoch ist immer noch das beste Grundfutter für Pferdesenioren – solange sie es noch kauen können (siehe Seite 64). Heu und Futterstroh sollte man einem alten Pferd den ganzen Tag zur Verfügung stellen – das hält seinen Verdauungsapparat in Schwung und verhindert Magenüberladungen und damit Bauchweh. Die nötige Kraftfutterration sollte man auf mindestens drei Mahlzeiten verteilen.

Im Alter wird der Verdauungsapparat oft trockener. Damit das Futter besser rutscht, kann man jeweils etwas

Weizenkleie mitfüttern. Die Kleie muß allerdings immer angefeuchtet werden; sonst bewirkt sie genau das Gegenteil von dem, wozu sie dienen soll: Sie verklebt die Magen- und Darmwände. Und Vorsicht: Weizenkleie ist ein Mineralräuber – achten Sie immer auf reichlich Mineralfutter, wenn Sie Weizenkleie füttern.
Wenn Sie diesen Ratschlägen folgen, haben Sie schon einen guten Beitrag dazu geleistet, daß Ihr altes Pferd von Magenschmerzen verschont bleibt.

Zahnprobleme

Mit dem Alter kommen auf die Pferde oft Zahnprobleme zu. Zum einen ändert sich die Zahnstellung – die Zähne stehen spitzer zueinander als bei jüngeren Pferden, die Schneideflächen treffen nicht mehr gerade aufeinander. Dadurch können alte Pferde mit den Schneidezähnen das Gras nicht mehr gut abrupfen, und mit den Backenzähnen können sie harte Nahrung nicht mehr gut zerkleinern.
Achtet man nicht darauf, so können die Pferde dadurch erhebliche Probleme bekommen. Daher ist das oberste Gebot – übrigens auch für die Halter jüngerer Pferde – die regelmäßige Kontrolle der Zähne. Scharfe Kanten an den Backenzähnen, die sogenannten **Zahnhaken**, hindern die Tiere am Kauen. Manche Pferde schlingen ihre Nahrung relativ grob zerteilt herunter, was gerade für den empfindlichen Pferdemagen nichts ist und zu Koliken führen kann. Andere verweigern aus Angst vor den Schmerzen im Maul die Nahrung und magern ab.
Mein 40jähriges Pony mümmelt zwar noch Heu, spuckt es dann aber in gedrehten länglichen Röllchen wieder aus; Pascha kann das Heu nicht mehr zerkauen, dreht und wälzt es im Maul herum und hat außer dem Geschmack nichts davon. Als ich dieses Verhalten zum er-

Auch wenn alte Pferde Heu nicht mehr kauen können – Möhren und Äste mit Blättern knabbern sie immer noch gern.

stenmal sah, bat ich den Tierarzt, Pascha die Zähne zu raspeln. Aber der Tierarzt meinte nach einem Blick in dessen Maul lakonisch, wo nichts mehr sei, könne er auch nichts raspeln...

Recht hatte er, mit etwa 35 Jahren ist „da" nicht mehr viel, und von dem Tag an stellte ich Paschas Nahrung auf Brei um. Seitdem bekommt er dreimal täglich aufgeweichte Graspellets mit ein bißchen Weizenkleie und Mineralfutter vermischt, darunter ein wenig geschroteten Mais und etwas vorgemischtes „Pferdemüsli" mit Hafer, Gerste, Dinkel und weiteren Bestandteilen. Das kann er gut mümmeln und verträgt es prächtig.
Stroh können alte Pferde meistens noch viel länger kauen als Heu; deshalb sollte man ihnen ausreichend gutes Haferstroh zur Verfügung stellen.
Oft bildet sich bei alten Pferden auch **Zahnstein**. Der muß genau wie bei Menschen entfernt werden, weil er am Zahnfleisch zu Entzündungen führen kann. Auch diese Aufgabe sollte man dem Tierarzt überlassen.

TIP

Übrigens: Auch Pferde können Zahnschmerzen haben! Wenn Ihr altes Pferd also nicht mehr gut frißt, die Zähne aber dem Alter entsprechend in Ordnung sind, sollten Sie auch eine Entzündung oder ähnliches in Betracht ziehen.

Erhöhtes Wärmebedürfnis

Im Alter erhöht sich das Wärmebedürfnis fast aller Lebewesen. Vielleicht hängt das damit zusammen, daß der Stoffwechsel nicht mehr so gut funktioniert wie in jüngeren Jahren. Ältere Menschen und auch ältere Tiere neigen also dazu, schneller zu frieren.
Pferde kompensieren das mit einem dickeren Fell, wenn sie sich langsam an die Kälte gewöhnen, wie das beispielsweise bei Robustpferden im Winter der Fall ist: Schon im September fangen sie an, Winterfell aufzu-

stocken, und frieren normalerweise nie. Alte Pferde und Fohlen im ersten Winter haben meist besonders dickes Fell – die Natur sorgt schon für ihre Kinder...

Ich halte meine Ponys robust im Offenstall mit Auslauf, und die alten Pferde haben das dickste Fell. Aber nicht alle Pferderassen sind so anpassungsfähig wie meine Robusten, und bei einem alten Pferd sollte man da schon etwas nachhelfen und dem erhöhten Wärmebedürfnis Rechnung tragen. So sollte ein betagtes Pferd, wenn es nicht in der Box steht, immer „einen warmen Platz am Ofen" haben, wobei der Ofen nicht wörtlich zu nehmen ist. Ich meine damit einen trockenen, windgeschützten und gut eingestreuten Offenstall – und dort einen garantierten Platz. Allzuoft werden alte Pferde von den anderen auf die Seite geschubst. Das darf man niemals zulassen! Gerade das alte Pferd muß die Möglichkeit haben, sich in den Windschutz zu begeben und sich dort zu wärmen. Ist das in einem Herdenverband nicht möglich, so sollten Sie Ihrem alten Pferd bei extremen Wetterlagen ein separates warmes Plätzchen bieten.

Alte Pferde, die im Winter frieren, sollten eingedeckt werden. Es gibt ganz ausgezeichnete Decken, die so konstruiert sind, daß sich die Pferde damit sogar wälzen können. Solche Decken sind zwar teuer – aber Sie sollten sie Ihrem alten Pferd gönnen, wenn es zum Frösteln neigt. Lassen Sie es aber zuerst vom Tierarzt untersuchen, ob es gesund ist oder ob sein Frösteln eine andere

TIP

Achten Sie genau darauf, ob Ihr altes Pferd das Fell aufstellt – und wenn dies der Fall ist, sollten Sie es eindecken. Junge Pferde rennen sich warm, wenn ihnen kalt wird – alte Pferde bleiben still stehen und frieren.

Auch wenn ein Pferd sein Leben lang keine Decke brauchte, kann es im Alter zum Frösteln neigen. Dann sollte man es unbedingt eindecken.

Ursache hat. Ist es gesund – dann hinein in die Decke! Möglicherweise überlebt Ihr Pferd den kalten Winter auch ohne Decke, denn Pferde sind hart im Nehmen. Aber ich denke, das muß ja nicht sein. Wenn man ein altes Pferd hat, muß man ihm diese Lebensphase auch angenehm gestalten.

Kreislaufprobleme

Mit der nachlassenden Flexibilität des Körpers stellen sich oft auch Kreislaufprobleme ein. Bei besonderer Beanspruchung protestiert der Körper, er „kommt nicht mehr mit".

Bei meinen alten Pferden sehe ich diese Überbeanspruchung hauptsächlich an heißen und drückenden Sommertagen, manchmal auch in der Zeit des Fellwechsels. An schwülen Tagen bleiben sie drinnen – das heißt, ich biete ihnen den dunklen, schattigen und damit kühlen Stall an. Manchmal haben sie allerdings den Drang, sich zu den jungen Pferden raus in die Sonne zu stellen – dann sperre ich sie rigoros für die heißesten Stunden des Tages mit etwas gutem Heu ein.
Gerade bei Hitze kann das regelmäßige Abspritzen der Beine etwaige Kreislaufprobleme lindern. Die Beine müssen hierbei nicht patschnaß und eiskalt werden – schon die Verdunstungskühle reicht meist aus.
Sehr gut ist hier auch der Einsatz homöopathischer Mittel. Crataegus, der Auszug von Weißdorn, wirkt beispielsweise kreislaufstabilisierend und sollte nach Packungsanweisung verabreicht werden. Crataegus bekommt man beim Tierarzt oder in der Apotheke; dort aber bitte „ad us.vet." bestellen – das ist die Version für Tiere. Meine alten Pferde bekommen bei bestimmten Wetterlagen – in erster Linie bei drückend heißem Wetter – regelmäßig Crataegus und überstehen diese problematische Zeit mühelos.
Bei ernsteren Kreislaufproblemen muß natürlich der Tierarzt konsultiert werden. Er kann auch stärkere langfristig wirkende Medikamente verschreiben, die übers Futter zu verabreichen sind.
Wichtig ist bei Kreislaufproblemen auch die ausreichende Bewegung, damit die Lungen und damit das Blut mit Sauerstoff versorgt werden. Ich denke da keineswegs an flottes Longieren, sondern eher an einen Spaziergang, der bummelnd begonnen und mit einem kleinen Trab an der Hand beendet werden kann – das tut nicht nur dem Pferd gut. Mäßig, aber regelmäßig lautet die Parole, was die Bewegung angeht. Boxenhaltung ist also nicht angesagt, besser ist eine Boxen-Auslaufhaltung, die es dem

alten Pferd ermöglicht, sich bei Bedarf jederzeit die Beine zu vertreten.

Pferde mit Kreislaufproblemen sollten in kleinen Portionen gefüttert werden – ein voller Magen belastet auch den Kreislauf. Gutes Heu hingegen ist jederzeit angesagt, solange es noch gekaut werden kann. Dasselbe gilt für Futterstroh.

Christel Sembach-Krone mit ihrem Araberhengst Kohinor, einem Juwel aus dem Krone-Marstall.

ZIRKUSPFERDE – Mit über 20 noch täglich in der Manege

Es ist bekannt, daß Zirkuspferde oft sehr alt werden und auch in hohem Alter noch täglich in der Vorführung sind. Beim weltbekannten Zirkus Krone beispielsweise gibt es sieben über 20jährige Pferde, die Tag für Tag in der Manege auftreten.
Ihre Leistungsfähigkeit verdanken sie zum einen der regelmäßigen Bewegung. Morgens wird geprobt, nachmittags und abends ist Vorstellung; die Pferde sind also immer in Bewegung, ohne überanstrengt zu werden.
Bei Krone stehen die Pferde in Boxen, deren Wände nach draußen aus Segeltuch sind. Bei gutem Wetter wird der obere Teil geöffnet, so daß die Pferde sehen können, was um das Stallzelt herum geschieht. Stupides Anstarren der Wand gibt es hier nicht; die Pferde nehmen am Leben außerhalb ihrer Boxen teil. Zirkusleute wissen oft mehr von der Psyche der Tiere als Turnierreiter...
Zum anderen werden gerade Zirkuspferde optimal gefüttert. Ein mageres oder fettes Pferd, das sich unlustig bewegt, macht in der Manege einen schlechten Eindruck – genauso wie eines, das der Hafer sticht und das kaum zu bändigen ist. So werden die Pferde auch nicht mit Zuckerstücken belohnt, sondern mit Vitaminwürfeln. Zirkuspferde sind immer den Blicken des Publikums ausgesetzt, sie müssen immer top in Form sein.
Hinzu kommt die sorgfältige Ausbildung der Pferde. Bei Krone ist die Morgenarbeit – also Ausbildung und Proben – öffentlich. Faule Tricks gibt es hier nicht, und das zahlt sich aus. Nicht selten sieht

man Pferde in den Lektionen der Hohen Schule – und die lernen sich nicht von jetzt auf gleich; dazu gehört jahrelange systematische Arbeit. Erst mit zehn oder zwölf Jahren sind die Pferde wirklich perfekt – und diese Perfektion soll möglichst lange erhalten werden, hat man doch viele Jahre Arbeit hineingesteckt. Die logische Folge dieser öffentlichen Ausbildung ist, daß die Pferde in jeder Hinsicht gut behandelt werden.
Ein nicht zu unterschätzender Faktor ist sicherlich auch die ständige Abwechslung, die die Pferde erleben. Zwar sind Pferde Gewohnheitstiere – aber aus der Sicherheit heraus sehen sie auch gern Neues. Die Sicherheiten der Zirkuspferde sind ihr immer gleichbleibender Stall, ihre immer gleichbleibende Arbeit und die bekannten Bezugspersonen. Dazwischen aber „passiert" immer wieder etwas: Man bricht auf in eine andere Stadt, die Pferde werden verladen, sie fahren, sie sehen eine andere Gegend. Diese Spannung erhält sie jung und neugierig.
Betagte Zirkuspferde gehen ungern aufs Altenteil. Sie wollen dabei bleiben, wollen noch mitmachen. Pferde, die jahrzehntelang in engstem Kontakt mit dem Menschen lebten, haben meist wenig davon, im Alter nur auf der Weide zu stehen. Zirkuspferde müssen genau wie hochkarätige Sportpferde auch weiterhin beschäftigt und betreut werden.

Die Ängste alter Pferde

Nicht jeder Mensch und nicht jedes Tier nimmt das Alter leicht und bleibt dabei relativ fröhlich. Oft hängt das vom körperlichen Zustand ab – man wird etwas wackelig und unsicher; man hört vielleicht schlecht und fühlt sich daher ausgeschlossen, oder man sieht nicht mehr so gut; und wenn man ein Mensch ist, sucht man öfter nach der Brille. Pferde haben es nicht so gut – sie müssen die nachlassende Sehkraft mit der Aktivierung der anderen Sinne kompensieren. Aber das geht nicht immer reibungslos und oft leider überhaupt nicht. Gewisse Prozesse wie beispielsweise die Steifheit der Glieder schreiten fort und bedürfen der Hilfe. Diese Hilfe, die unter anderem in Wärme und Ruhe bestehen kann, müssen wir auch alten Pferden geben. In der Natur hätten sie diese Unterstützung nicht – die freie Wildbahn ist nicht sozial in unserem Sinne. In der Natur müssen alte Tiere körperliche Gebrechen aushalten, bis Raubtiere sie davon erlösen. Wenn wir Pferde bei uns alt werden lassen, müssen wir versuchen, ihre Gebrechen und Ängste zu lindern.

Solange es sich nicht um ernsthafte Krankheiten oder Schmerzen handelt, ist das mit etwas Einfühlungsvermögen, Nachdenken und Rücksichtnahme möglich.

Wie zufrieden ein Pferd seinen Lebensabend verbringt, hängt von seinem Umfeld ab: Alte Pferde brauchen eine Umgebung, in der sie sich nicht fürchten müssen.

Angst vor dem Hinlegen

Pferde sind Fluchttiere. Ihre einzige wirkliche „Waffe" ist das blitzartige Reagieren auf eine Gefahr und das Weglaufen aus der Gefahrenzone in Sekundenschnelle.

Seit 60 Millionen Jahren gibt es Pferde (oder zumindest Equiden) auf unserer Erde. Seit vielleicht 7000 Jahren sind sie domestiziert, möglicherweise auch ein paar Jahre länger – aber was ist das für eine winzige Zeitspanne im Verhältnis zu ihrer Geschichte! In diesen „paar Jahren" ändert sich das Wesen einer Spezies nicht – so schnell werden grundsätzliche Dinge von der Natur nicht revidiert. Das Pferd war immer ein gejagtes Tier, und dieses Urerbe fühlt es auch heute noch in sich.
So ruhen Pferde nur dann, wenn sie sich ganz sicher fühlen. Das kann in der Herde sein, denn sie bietet Sicherheit, weil hier zumindest immer ein Pferd wacht. *Nie* schläft die ganze Herde!
In heimischer Umgebung schlafen Pferde ruhig und tief. Dabei liegen sie in Bauchlage oder im Tiefschlaf in Seitenlage und können so den ganzen Körper entspannen. Im Laufe der Jahre wird jedoch mancher Pferdebesitzer feststellen, daß sich sein Pferd immer weniger hinlegt. Es döst nur noch im Stehen, was bei Pferden ohne weiteres möglich ist, und traut sich nicht mehr, sich hinzulegen, weil es schwerfällig geworden ist. Es könnte im Notfall nicht mehr blitzschnell aufspringen und fliehen. Daß es in seiner heutigen Umgebung gar nicht mehr zu fliehen braucht, hat sein Erbgedächtnis nicht gespeichert.
War es früher unbedenklicher, weil es auf seine körperlichen Kräfte vertrauen konnte, so wird es im Alter mißtrauischer und hört lieber auf seine Urinstinkte. Die sagen ihm, daß seine Knochen steifer werden und es besser im Stehen döst, als im Liegen tief – und damit aus seiner Sicht gefährdet – zu schlafen. Den Erholungswert des Tiefschlafs mit der totalen Entspannung der Muskulatur hat das alte Pferd dann jedoch nicht mehr; und gerade ältere Pferde bräuchten das eigentlich, um fit zu bleiben...
So sollten Sie Ihrem alten Pferd, gerade wenn Sie es robust oder halb robust im Offenstall mit anderen Pferden

Mittagsruhe im Auslauf. Alte Pferde legen sich meist nur dann hin, wenn sie sich absolut sicher fühlen können.

halten, stundenweise den Schutz einer geschlossenen Box gönnen, in die kein anderes Pferd hineinkommt.

Pferde haben wie alle Tiere eine innere Uhr, also relativ feste Freß- und Ruhezeiten innerhalb eines Tages. Die Freßzeiten können sie meist nicht selbst bestimmen; aber fast alle Pferde legen in der Mittagszeit beziehungsweise am frühen Nachmittag eine Ruhephase ein. Wenn Sie Ihrem alten Pferd in dieser Zeit für einige Stunden eine Box zur Verfügung stellen, wird es bald begreifen, daß es sich hier gemütlich hinlegen, die Knochen ausstrecken und schlafen kann. Sie müssen sich nur davor hüten, Ihr Pferd zu früh zu wecken. Wenn Sie es sich zum Grundsatz machen, es beispielsweise um 13.00 Uhr in die Box gehen zu lassen und es gegen 15.00 Uhr wieder herauszuholen, wird es sich nach kurzer Zeit bereits um 13.30 Uhr hinlegen und eine Runde schlafen. Stören

Sie es dabei nicht, sondern beobachten Sie, wann es von sich aus wieder aufwacht!
Solch ein Mittagsschläfchen erfrischt betagte Pferde oft derart, daß es ihnen deutlich weniger ausmacht, die Nacht über im Stehen zu dösen. Sehr alte Pferde jedoch sollten auch nachts die Möglichkeit haben, sich in sicherer Umgebung voll ausstrecken zu können.

Schlechtes Hören führt zu Schreckhaftigkeit

Im Alter läßt auch das Gehör nach. Für Pferde ist es jedoch sehr wichtig: Bei aufmerksamen Pferden „spielen" fast immer die Ohren; wie kleine Teleskope können sie sich um 180 Grad drehen – eine akustische Rundum-Information.
Wenn die wegfällt, fehlt den Pferden also auch ein wichtiges Sicherheitsmoment. Pferde, die schlecht hören, erschrecken oft, wenn man sie anspricht oder wenn sie plötzlich ein Geräusch wahrnehmen. Je nach Charakter reagieren sie panisch oder aggressiv; beides ist gleich unangenehm.
Pferde untereinander bemerken es recht schnell, wenn ein Artgenosse nicht mehr gut hört. Sie stellen sich darauf ein und erschrecken ein solches Pferd fast nie. Es ist verblüffend, wie Pferde einer zusammengehörenden Gruppe um ein nahezu taubes oder fast blindes Pferd so herumgehen, daß es sie bemerken kann, ohne zu erschrecken.
Gerade das Gehör ist schlecht durch andere Sinne zu kompensieren – höchstens durch den Geruchssinn. Der ist bei Pferden sowieso sehr stark ausgeprägt; aber damit er aktiviert wird, muß das Pferd den Geruch erst in die Nase bekommen. Wenn Sie sich von hinten einem schlecht hörenden Pferd nähern, können Sie keineswegs sicher sein, daß es Sie riecht. Sie sollten in diesem Fall

lieber schräg an das Pferd herangehen und mit einer ruhigen Bewegung auf sich aufmerksam machen, damit es Sie sehen kann. Der Sehradius des Pferdes umfaßt ja fast den ganzen Bereich hinter dem eigenen Körper.

TIP

Hohe, scharfe Töne werden oft auch dann noch wahrgenommen, wenn das Hörvermögen für tiefe Töne nicht mehr ausreicht. Kennen Sie die „unhörbaren" Hundepfeifen? Die hört Ihr Pferd auch noch, wenn es Ihre Stimme nicht mehr wahrnehmen kann. Auf eine gewisse Entfernung können Sie sich Ihrem Pferd damit bemerkbar machen.

Wenn Sie Ihr altes Pferd noch reiten, müssen Sie für es mithören. Sowie Sie beispielsweise einen Traktor hinter sich hören, sollten Sie Ihr Pferd herumdrehen, damit es das Gefährt sehen kann. Bemerkt Ihr Pferd den Traktor erst dann, wenn er an Ihnen vorbeirattert, so können Sie sich die Schreckreaktion mit allen möglichen Folgen vorstellen... Sobald Sie bemerken, daß Ihr Pferd schlecht hört, sollten Sie sich selbst regelrecht trainieren, ihm die Dinge zu zeigen, die es erschrecken könnten. Nach einiger Zeit wird es für Sie ganz natürlich sein, Ihr Pferd nach rechts zu drehen, wenn Sie von rechts ein sirrendes Fahrrad kommen hören, oder zu wenden, wenn Sie einen Jogger hinter sich wahrnehmen. Ab jetzt müssen Sie eben für zwei hören...

Die Sehkraft läßt nach

Auch das Augenlicht läßt im Alter nach. Nicht nur, daß die Sehkraft insgesamt abnimmt – manche Pferde erkranken auch am Altersstar, der nicht mehr heilbar ist.

Eine Schutzhütte für den Sommer: Das brauchen alte Pferde besonders, denn ihr Kreislauf ist in der Hitze gefährdet.

Wenn solche Pferde in ihrer vertrauten Umgebung bleiben und ruhig behandelt werden, können sie auch halbblind noch lange fröhlich leben. Jede Änderung ihrer Umgebung wird jedoch zum Problem. Der Betreuende braucht viel Geduld, um das halbblinde Pferd an Neuigkeiten wie beispielsweise einen umgestellten Futtertrog oder ein neues Heunetz zu gewöhnen.
Bei fortschreitender Blindheit bilden sich jedoch zunehmend andere Sinne aus, wie es ja auch bei blinden Menschen der Fall ist. Oft ist es nicht das Gehör, das im Alter ja meist auch nachläßt, sondern in erster Linie der Tastsinn. Es hat häufig den Anschein, als stießen die Pferde Echolot-Wellen aus, an deren Rückfluten sie sich orientierten. Da sie aber keine Fledermäuse sind, die sich von klein auf völlig auf das Echolot konzentrieren, bewegen

sich diese Pferde vorsichtig tastend. Meist jedoch vermeiden sie dadurch ein Anstoßen selbst an fremden Gegenständen.
Es gibt Reiter, die auch ihre blinden Pferde noch reiten. Ich halte das für gefährlich, denn so gut sich ein blindes Pferd unter einem ruhigen Reiter im Schritt auf ebenem Weg auch orientieren kann – was ist in einer Paniksituation? Natürlich geraten auch gut sehende Pferde manchmal in Streßsituationen, aber sie sind dann nicht so hilflos wie ein blindes Pferd.
Man sollte es sich gut überlegen, ob man ein blindes Pferd unbedingt reiten „muß" oder ob man es nicht vorzugsweise in seiner vertrauten Umgebung – vielleicht in einem großzügigen Auslauf oder auf einer Weide mit vertrauten Weidegenossen – läßt und ab und zu mit ihm spazierengeht. Der Mensch an seiner Seite gibt dem Pferd meist mehr Sicherheit als der Mensch auf seinem Rücken.
Bei Pferden, die mit ihrer fortschreitenden Erblindung nicht fertigwerden, die häufig erschrecken und ständig ängstlich oder überwachsam sind, sollte man sich ernsthaft überlegen, ob das Leben für das Pferd noch lebenswert ist... In der Natur wäre solch ein Pferd schnell die Beute von Raubtieren – und so hart das klingen mag: Ihm würde damit möglicherweise viel Angst erspart.
Erblindende Pferde sollten regelmäßig vom Tierarzt untersucht werden; er kann das Stadium der Erblindung mit einer Augenlampe feststellen und oft auch eine Prognose abgeben, so daß sich der Pferdebesitzer auf die weitere Entwicklung einstellen kann.

Probleme mit der Neuorientierung

Genau wie alte Menschen hängen auch betagte Pferde fest an Gewohnheiten und verlieren die geistige Flexibi-

lität. Die Lernfähigkeit läßt nach, und Neues wird zunehmend mit Mißtrauen betrachtet.
Pferde, die es in ihrem Leben gewohnt waren, ständig Neues zu sehen, haben es leichter, weil ihr Geist wacher gehalten wurde. Dies ist beispielsweise bei vielen Sportpferden der Fall, die viel herumgekommen sind.
Nehmen wir jedoch den anderen Extremfall: Ein Freizeitpferd, das mit seinem Reiter seit Jahren immer dieselben Wege geht, bekommt mit Sicherheit Probleme, wenn es plötzlich aus dieser Umgebung herausgerissen wird. Daher sollte man es sich gründlich überlegen, ob man einem alten Pferd noch einen Stallwechsel zumutet. Oft ist das, bedingt durch die nicht verkraftete Umstellung, auch mit einem körperlichen Einbruch verbunden.

TIP
Die mangelnde Flexibilität des Pferdes im Alter sollte man auch bedenken, wenn man mit dem Gedanken spielt, es auf einem Gnadenhof unterzubringen. Dort muß es sich mit einer neuen Umgebung, anderen Stallgenossen und nicht vertrauten Menschen auseinandersetzen!

Ein Pferd, das in seiner heimischen Umgebung noch lange hätte munter und vergnügt sein können, kommt mit den vielen neuen Eindrücken möglicherweise nicht zurecht. Was bei einem jungen Pferd die Neugierde wecken würde, löst bei einem alten Pferd unter Umständen nur Ängste aus.

Angst vor ranghöheren Pferden

Pferde werden normalerweise in einen ganz bestimmten Rang in der Gruppe hineingeboren. Ein ranghohes Pferd wird in jeder Herde einen hohen Rang einnehmen, ein rangniedriges kann sich nur schwer hocharbeiten. Den Rang bekommen Pferde, die in der Herde aufgewachsen sind, von ihrer Mutter mit. Hat die Mutter einen hohen Rang und ist sie deshalb beim Fressen immer die erste, so nimmt das Fohlen dies automatisch mit ins Leben und wird seinen Rang ganz selbstverständlich behaupten. Dazu gehört es aber auch, diesen Rang nötigenfalls zu verteidigen. Das Verteidigen einer bestimmten Stellung in der Herde ist eine für den Menschen ganz unauffällige Sache, wenn die Rangordnung einmal geklärt ist.

An Kleinigkeiten sieht man, wo ein Pferd in der Herdenhierarchie steht: Welchem Pferd weicht es ganz selbstverständlich aus, und bei welchem Artgenossen bleibt es stehen, wenn dieser an ihm vorbeigeht? Durch solche Beobachtungen kann man die Rangordnung in der Herde erkennen. Ranghöhere Pferde haben hier immer die besseren Karten: Sie bekommen mehr Futter, weil sie es gegen die Rangniedrigeren verteidigen; sie stehen an kalten Wintertagen an den sonnigen Plätzen, und sie haben bei Regen den trockensten Platz.

Der Mensch kann regulierend eingreifen und rangniedrigen Pferden helfen, aber nur in praktischen Dingen, nicht im psychischen Bereich – das machen die Pferde unter sich aus.

Ich habe es vor einigen Jahren in meiner kleinen Herde beobachtet, wie ein Pferd in der Hierarchie sinken kann: Mein 23jähriger Haflinger, der immer der Herdenboß gewesen war, erkrankte an Krebs. Ein Plattenepithelkarzinom, das einige Jahre vorher am Schlauch entfernt worden war, hatte Metastasen gebildet und sich im Maul festgesetzt. Die Prognose war aussichtslos – keine Behandlungsmöglichkeit.

Während ich noch mit mir kämpfte, was ich tun sollte – ihn gleich einschläfern lassen oder erst noch warten –, nahm die Herde mir die Entscheidung aus der Hand: Ich

Mein altes Pony bekommt seinen Brei separat in einer Box oder an der Anbindestange. Hier kann Pascha in Ruhe fressen und muß nicht den Neid der anderen Pferde fürchten.

bemerkte, wie meine kleine Stute, bisher die zweite in der Rangordnung, damit begann, dem Haflinger seinen Rang streitig zu machen. Jetzt war sie zuerst am Futtertrog, stellte sich genau dorthin, wo er früher immer gestanden hatte. Sie war die erste am Tor, wenn es auf die Weide ging – und so weiter. Mein Haflinger machte ihr widerwillig Platz.

Gleichzeitig verschlechterte sich sein Allgemeinzustand. Ich wollte ihm nicht zumuten, in der Hierarchie der Herde immer weiter nach unten zu sinken; fast 20 Jahre lang war er unumstrittener Boß gewesen – diese psychische Qual mußte nicht sein. Also ließ ich ihn schweren Herzens einschläfern. Ich denke, für ihn war das besser als der bittere Niedergang in der Herde.

Ähnlich erging es dem Pferd einer Freundin, das jahrelang in demselben Herdenverband auf einer Weide gelebt hatte. Das alte Pferd wurde auch von seinen jungen Artgenossen akzeptiert; sie betrieben sogar gegenseitige Fellpflege mit ihm. Das ging gut, bis ein neues Pony in die Herde kam – Typ Unruhestifter. Dieser kleine Giftknirps konnte bei den anderen jungen und gesunden Pferden nicht landen und suchte sich das alte Pferd meiner Freundin sozusagen als „Opfer" aus. Ständig zwickte und knuffte das Pony den Alten, biß ihn in die Beine und so weiter – bis das alte Pferd eines Tages voller Panik über den Zaun sprang. Von dem Tag an nahm ihn seine Besitzerin in einen separaten Auslauf und machte lange Spaziergänge mit ihm.

Man muß es sorgfältig beobachten, wenn Pferde in der Hierarchie sinken – und ihnen dann die Möglichkeit geben, eventuell auch außerhalb der Herde friedlicher zu leben. Bei Pferden, die ihr Leben lang in einer Box gelebt haben, ist das einfacher. Aber beispielsweise für Islandpferde, denen die Herde meist wichtiger ist als der Mensch, bedeutet dieses Herausnehmen aus der Gruppe einen tiefen Einschnitt. Hier sollte man sorgfältig nach einer Lösung suchen und vielleicht ein paar alte Pferde zusammenstellen, die dann gemeinsam in Ruhe leben.

Auf keinen Fall jedoch sollte man ein altes Pferd, das in der Hierarchie sinkt, einfach in der Herde lassen. In der Natur würde dieses Pferd ausgestoßen und irgendwann bei einer Flucht von der Herde zurückgelassen – kein Artgenosse würde zurückkommen und ihm helfen; das liegt nicht im Wesen der Pferde. Das Helfen müssen bei unseren domestizierten Pferden also schon wir Menschen übernehmen...

FROSTI – Der Unverwüstliche

Vera Reber bekam Frosti als sechsjähriges Pferd. Sie selbst war etwa doppelt so alt und durchaus schon reiterfahren; schließlich gehörte ihren Eltern einer der ersten deutschen Islandpferde-Reitbetriebe.
Frosti ist nicht unbedingt das, was man ein Kinderreitpferd nennen würde: Er war nie personenbezogen, er hat einen sehr hohen Rang in der Herde, er ist ein absoluter Giftzwerg – und zu allem Übel bei einem sehr starken Willen auch noch äußerst ehrgeizig. Alle rieten Vera von diesem Pferd ab – aber sie wollte es haben.
Jetzt ist Frosti seit fast 20 Jahren bei ihr; Vera verdankt ihm große Turniererfolge und hat viel von ihm gelernt.
In den ersten Jahren gewann Frosti jedes Töltrennen; als er acht Jahre alt war, wurde Vera mit ihm Deutsche Jugendmeisterin im Tölt. Dann kamen jahrelang keine großen Erfolge mehr – bis Frosti plötzlich seine Qualität im Rennpaß zeigte. Schon 1983 belegte er den ersten Platz im Paßrennen beim OSI Ellenbach und war bei der Deutschen Meisterschaft in Kaufungen Vizemeister im Fünfgang. Danach ging es sozusagen Schlag auf Schlag: 1985 bester Rennpasser, Weltmeister in der Paßprüfung in Schweden; im gleichen Jahr Deutscher Meister Fünfgang, 1986 Deutscher Meister Fünfgang, dasselbe im nächsten Jahr und wieder Teilnehmer an der Weltmeisterschaft. Auch im Jahr 1989 wurde Frosti Deutscher Meister im Paßrennen über 250 Meter.
Mit 21 Jahren zeigte Frosti es „ihnen" dann noch einmal: Er überbot seinen 1989 gelaufenen Rekord

und wurde wiederum Deutscher Meister – bis heute im Jahr 1996 ungeschlagen! Er ist das einzige Islandpferd, das an fünf Weltmeisterschaften teilgenommen hat.
Frosti muß man gesehen haben: Ich erinnere mich an ein Fernsehteam, das auf den kleinen unscheinbaren Schimmel etwas herabsah, als er im Rennpaß gefilmt werden sollte. Im leichten Tölt kam er unter Vera Reber auf die Ovalbahn und sah wirklich nach nichts aus – bis er den Rennpaß roch: Rennpaß! Frosti ahnte es, als Vera um die Kurve bog und das Tempo forcierte. Und jetzt straffte er sich, gierte nach dem Rennen und flog in rasendem Tempo über die Strecke, als Vera ihm den Kopf freigab. Das verblüffte Kamerateam mußte um eine Wiederholung bitten – niemand war auf dieses Wahnsinnstempo gefaßt gewesen!
Das war Frosti mit 23 Jahren. Heute ist er 24 Jahre alt und immer noch so.

Frosti im Alter von 23 Jahren unter Vera Reber

Die Haltung – artgerecht und individuell

Für mich ist es ganz selbstverständlich, daß meine alten Pferde bei mir bleiben. Daß ich in der glücklichen Lage bin, einen kleinen Hof mit Offenstall und Weiden zu haben, ist allerdings nicht für jeden selbstverständlich...
Für mich war die Entscheidung für diese Lebensform die Folge der langjährigen Pferdehaltung. Ich konnte es eines Tages nicht mehr ertragen, daß mein Pferd bei schönstem Winterwetter drinnen in einer Box im Pensionsstall stand und die Wände anguckte. Also suchte ich nach einer Offenstallhaltung; und da ich keine gute fand, baute ich mir selbst einen Offenstall auf einer vom Bauern gepachteten Weide, was bedeutete, daß ich ein zweites Pferd dazu brauchte. Ein Pferd alleine fühlt sich auch auf der schönsten Weide mit Offenstall nicht wohl...
Nach und nach wuchs der Gedanke, die Pferde statt auf gepachtetem Grund bei einem Bauern direkt bei mir zu halten; und so kam ich zu einem kleinen Hof. Als freie

Kraulen als Freundschaftsbeweis – gerade alte Pferde brauchen das, weil sie sich oft nicht mehr über den Rücken wälzen können.

Journalistin und Buchautorin ist das machbar, wenn auch mühsam – wenn man einen City-Beruf hat, ist es kaum durchführbar. Aber auch dann kann man sein altes Pferd, wie bereits beschrieben, unter gewissen Bedingungen behalten.

Natürlich ist es teuer, wenn Ihr Pferd im Reitstall steht – dann müssen Sie einen finanziellen Ausgleich suchen. Das geht eventuell über eine **Reitbeteiligung** an Ihrem alten Pferd. Mancher Reiter, der nur geruhsam spazierenreiten möchte, ist vielleicht dankbar, sich an einem ruhigen älteren Pferd beteiligen zu können, ohne die ganze Verantwortung für ein eigenes Pferd übernehmen zu müssen.

Wie viele Reiter in einem Verein haben keine Freude mehr an den wöchentlichen Gruppen-Reitstunden in der Halle! Ihr Ziel ist das Reiten im Gelände – nicht gerade in rasendem Tempo, und auch nicht jeden Tag. Dafür ein eigenes Pferd zu kaufen, lohnt sich oft nicht – ganz ab-

gesehen davon, daß sich nicht jeder die monatliche Stallmiete im Vereinsstall leisten kann...
Schauen Sie sich doch mal in Ihrem Reitverein um, ob es dort nicht jemanden gibt, der vielleicht für die Hälfte der Unterstellungskosten große Lust hat, mit Ihrem Pferd gelegentlich gemütlich ins Gelände zu gehen. Es sollte mich wundern, wenn Sie nicht fündig würden! Auch in diesem Fall sollten Sie einen Vertrag schließen, der alle Rechte und Pflichten eindeutig regelt. Als Orientierung kann Ihnen der Vertragsvorschlag auf Seite 40 dienen.
Bei einer solchen Regelung bliebe Ihr Pferd unter Ihren Augen, und Sie wären das schlechte Gewissen los, daß es nur „rumsteht". Für einige Jahre – solange Ihr Pferd noch geritten werden kann – ist das eine gute Lösung, wenn Sie den richtigen Reitpartner finden.

TIP
Ein Anschlag am Schwarzen Brett des Reitvereins kann helfen, jemanden zu finden, der sich um Ihr Pferd kümmern möchte. Sie selbst kennen ja sicher längst nicht alle Reitschüler – aber die Reitschüler kennen meist alle Privatpferde sehr genau.

Diese Zeitspanne, in der Ihr Pferd noch einigermaßen fit ist, sollten Sie auch nutzen, um sich schon einmal mit der Problematik vertraut zu machen, die auf Sie zukommen wird, wenn Ihr Pferd „richtig" alt wird.

Ein sicheres Umfeld schaffen

Wenn die Sinne oder die Bewegungsfähigkeit eines Pferdes nachlassen, muß man ihm ein sicheres Umfeld schaffen. Ein altes Pferd, das nicht mehr gut hört oder nicht mehr schnell losspurten kann, braucht für seine innere Ruhe die Sicherheit seiner vertrauten Umgebung. Junge Pferde sind aufmerksam, haben die Ohren überall und spurten schnell einmal davon, wenn ihnen etwas nicht geheuer ist. Ein altes Pferd kann das nicht mehr und wird dann von den Ereignissen oft überrumpelt, erschrickt und lebt im schlimmsten Fall in ständiger Angst. Mein 40jähriges Pony Pascha ist noch spurtschnell und quietschfidel, veranstaltet mit meinem fünfjährigen Esel tägliche Rennen um die Weide und nimmt voll am Leben teil. Aber er hört nicht mehr gut und braucht mehr und mehr feste Gewohnheiten. Er bekommt dreimal täglich aufgeweichte Graspellets und andere leckere Dinge

Die Sicherheit der vertrauten Umgebung ist für alte Pferde besonders wichtig.

in einer Extrabox, während die anderen Pferde im Auslauf gefüttert werden. Meist gebe ich zuerst den anderen Pferden ihr Futter, dann erst rufe ich Pascha – sonst gibt es Drängeleien. Oft steht er bei den anderen Pferden und mümmelt an einem Heuhalm herum und hört mich einfach nicht... Vielleicht hat er kurzzeitig vergessen, wie es mit den Mahlzeiten in der Box ist? Ich kann rufen und rufen – nichts. Erst wenn ich mich so bewege, daß ich mich in seinem Gesichtskreis befinde, kommt er hurtig an, als ob er freudig erlöst wäre, und spurtet in seine Box.

Auch wenn die anderen Pferde auf die Weide gehen und Pascha hinter dem Stall steht, muß ich um den Stall herumgehen und ihm sagen, daß es jetzt rausgeht. Er versteht sofort, worum es geht – aber er muß mich dafür sehen. Stößt ihn jemand von hinten an, so erschrickt er manchmal, wenn er denjenigen – sei es Pferd oder Mensch – nicht gesehen hat. Niemals schlägt er aus, das ist nicht seine Art; aber es muß ja nicht sein, daß er sich erschrickt. Schließlich soll er sein Alter genießen, denn er hat in seinem Leben genug gearbeitet; er soll sich nun nicht durchkämpfen müssen. So muß ich dafür sorgen, daß sein Umfeld sicher ist und er Vertrauen dazu haben kann.

Haltung im Wandel der Jahreszeiten

Schon aufgrund ihres Fellwechsels (siehe Seite 110) spüren Pferden den Wechsel der Jahreszeiten körperlich – selbst diejenigen, die im Stall gehalten werden.

Ich gehe selbstverständlich davon aus, daß Ihr Pferd regelmäßigen Auslauf auch ohne Reiter auf dem Rücken hat; also kann es die klimatischen Reize der unterschiedlichen Jahreszeiten voll genießen. Das bringt natürlich auch verschiedene körperliche Belastungen mit sich.

Der Fellwechsel macht vor allem robust gehaltenen alten Pferden sehr zu schaffen.

Wer jedoch meint, er müsse diese Witterungseinflüsse von seinem Pferd – und besonders von seinem alten Pferd – fernhalten und sie durch Eindecken oder einen warmen beziehungsweise klimatisierten Stall ausgleichen, liegt falsch.
Pferde halten den Unterschied der Jahreszeiten schon seit einigen Millionen Jahren aus. Natürlich belastet das ihren Organismus – aber es fordert und aktiviert ihn auch. Robust gehaltene Pferde haben kaum Stoffwechselprobleme, und Kreislaufprobleme treten bei ihnen nur dann auf, wenn sie im Sommer im Auslauf oder auf der Weide der prallen Sonne ausgesetzt sind.

Natürlich muß man alten Pferden aber die Möglichkeit bieten, sich gegen die Unbilden des Wetters zu schützen. Ein kraftstrotzender fünfjähriger Isländer stellt sich bei Schneeregen mit dem Hinterteil in den Wind – damit hat sich die Sache. Ein 20jähriger Araber hingegen ist in derselben Situation dankbar für eine Box. Man sollte den Pferden daher Angebote machen, sich zu schützen und klimatische Unbilden auszugleichen. Das ist etwas ganz anderes als sie zwangsweise einzusperren und zu sagen: „Draußen ist es zu kalt oder zu warm für dich!" Wenn das Pferd die Möglichkeit hat, sich seinen Platz selbst zu wählen, wird es sich immer für den entscheiden, der ihm am zuträglichsten ist.
Ein Problem kann sich lediglich dann ergeben, wenn ein altes Pferd in einem Herdenverband jüngerer Pferde lebt, die den Witterungsschutz (sei es gegen Regen oder gegen Hitze) nicht so sehr brauchen. Meist wird es sich dann für die Herde und gegen den für es selbst so wichtigen Schutz entscheiden – in diesem Fall sollte man eingreifen und das Pferd, nach Möglichkeit zusammen mit einem befreundeten Artgenossen, zu seinem eigenen Wohl von der Herde trennen.

Pro und contra Robusthaltung

Die Robusthaltung – also Auslaufhaltung mit Offenstall und Weide – ist die in hiesigen Breiten pferdegerechteste Haltungsform. Allerdings nicht die einfachste, denn damit ist nicht gemeint, die Pferde einfach auf die Weide zu stellen. Mit Robusthaltung meine ich eine gepflegte Haltungsform, bei welcher den Pferden die größtmögliche Freiheit gegeben wird – und dies nicht nur räumlich, sondern beispielsweise auch bei der Futterwahl.
Je nach Pferdetyp und Leistungsanspruch an das Pferd sollte es längere oder kürzere Zeit auf der Weide sein

und dort im Sommer sein Grundfutter suchen können. Das meinte ich mit Futterwahl. Kleine Weiden mit fettem Gras, das höchstens für die Milchkuhhaltung gut ist, sind für Pferde nicht geeignet. Sie brauchen große Weiden, die eher mager als fett sein sollen und auf denen sie sich aus einer Vielfalt von Gräsern und Kräutern das heraussuchen können, was ihnen schmeckt und bekommt.
Pferde, die lange auf der Weide sind, müssen einen Witterungsschutz in Form einer windgeschützten Weidehütte oder vielleicht auch ein kleines Wäldchen zur Verfügung haben. Für bestimmte Witterungsverhältnisse und als Ruhezone ist ein gut eingestreuter Offenstall da, den die Pferde vom Auslauf aus jederzeit aufsuchen können.
Zur Robustpferdehaltung gehört es, daß die Tiere in einer Gruppe leben: Mehrere Pferde bilden eine kleine Herde, die nur bei Bedarf getrennt wird – etwa zum Reiten oder wenn einige Pferde besonderes oder mehr Futter brauchen. Im allgemeinen jedoch sind die Pferde zusammen.
Auf diese Weise kann man auch alte Pferde sehr gut halten. Sie müssen aber frühzeitig an diese Haltungsform gewöhnt werden. Ein Sportpferd, das sein Leben in einer Box verbracht hat, wird erhebliche Integrationsprobleme bekommen, während die Gruppenhaltung für ein Islandpferd, das in der Herde geboren wurde und sein ganzes Leben dort verbrachte, die natürlichste Sache der Welt ist. Im allgemeinen ist die Robustpferdehaltung jedoch für kein Pferd ein Problem – man muß ihm nur Zeit zur Umgewöhnung geben.

Alte Pferde in der Gruppe

Pferde, die an das Leben in einer Gruppe gewöhnt sind, leben auch im Alter gern mit anderen Pferden zusammen – Herde ist nun mal Herde.

Eine gute Robusthaltung ist viel mehr, als einfach ein Pferd auf eine Wiese zu stellen.

Wenn sie aber sehr alt werden, brauchen sie etwas mehr Pflege und Schutz. Man muß sehr genau darauf achten, ob ein altes Pferd noch in die Gruppe integriert ist oder ob es weggebissen wird, immer am Rande steht und nicht zu den anderen darf. Für uns ist das schwer mitanzusehen – aber so ist es in der Natur. Der soziale Gedanke im menschlichen Sinne ist dem Fluchttier Pferd außer bei seinen Fohlen fremd. Jedes Tier ist der Mittelpunkt seiner Welt.

Für Sie sollte mit der Ausgrenzung Ihres alten Pferdes aus der Gruppe jedoch der Zeitpunkt gekommen sein, dem Pferd ein Extraplätzchen zu gönnen. Das kann ein separater Auslauf neben dem allgemeinen Paddock sein oder eine Extrabox, in der es sich nachts zum Schlafen hinlegen kann, ohne Angst zu haben, wegen eines ranghöheren Pferdes aufstehen zu müssen. In diesem separaten Auslauf oder seiner Box kann es dann auch ruhig und länger fressen als die anderen. Auf diese Weise können auch sehr alte Pferde noch in der Gruppe leben.

TIP
Die Gruppe, in der Ihr altes Pferd lebt, sollte klein und stabil sein. Einen ständigen Wechsel innerhalb der Gruppe verkraften betagte Pferde nicht gut.

Die Integration in die Gruppe

Ein altes Pferd in eine Gruppe zu integrieren, kann schwierig werden. Wie betagte Menschen, so haben auch alte Pferde feste Gewohnheiten, hängen an ihrer vertrauten Umgebung und stellen sich nur schwer um. Hinzu kommt die natürliche Abwehr der Gruppe. Eine Herde ist eine „geschlossene Gesellschaft", zu der ein anderes Pferd nur schwer Zutritt findet.
Bei bestimmten Pferderassen – hier muß ich wieder mal die Islandpferde erwähnen – ist die Integration einfacher. Diese Pferde werden in der Herde geboren, leben auch später fast ständig dort – oft in wechselnden Zusammensetzungen – und sind es von klein auf gewöhnt, instinktiv ihren Rang festzustellen und zu halten. Unter Islandpferden herrschen zwar rauhe, aber höfliche Umgangsformen. Echte Schläger findet man kaum, sie werden automatisch abgesondert.
Aber ein Einzelpferd, das sein Leben in einer Box verbrachte und nur allein auf die Weide durfte oder einen separaten Auslauf für sich hatte, hat es schwer. Nicht nur,

Zum Eingewöhnen sollte das Pferd Geruchs- und Sichtkontakt zu seinen Artgenossen haben.

Das Wälzen ist ein Ausdruck von Wohlbehagen. Erst wenn sich das Pferd in seiner neuen Gruppe nicht mehr bedroht fühlt, wird es sich mit vollem Genuß wälzen.

daß es in der Herde erst einmal auf die ganz normale Ablehnung stößt – es muß auch die pferdegemäße Höflichkeit wieder erlernen! So was verkümmert auch bei Pferden.
Es ist also schwierig, ein altes Pferd in eine bestehende Gruppe zu integrieren; und wenn es bisher ein „Einzelpferd" war, sollte man sich überlegen, ob es allein nicht glücklicher ist.
Wenn es jedoch in der Herde leben soll, muß man ihm eine lange Eingewöhnungszeit geben. Das heißt, daß es längere Zeit allein in einem angrenzenden Paddock oder einer Box neben der Herde leben sollte. Es muß Geruchs- und Sichtkontakt zu den neuen Herdengenossen haben – aber es soll in seinem Raum auch Schutz finden. Das heißt, es muß so weit zurückweichen können, daß es keine Angst vor den anderen zu haben braucht.
Nach und nach gewöhnen sich die Pferde aneinander. Und bei passender Gelegenheit kann man sein altes Pferd dann auf einer anderen Weide oder in einem anderen Auslauf mit einem Pferd der Herde zusammen lassen. Geht das gut, hat das alte Pferd schon einen Ansprechpartner. Wiederum einige Zeit später kann man es unter Aufsicht in die Herde lassen, sollte es jedoch noch eine Zeitlang von den anderen Pferden trennen, wenn es Futter gibt.
So geht man Schrittchen für Schrittchen vor – die Integration kann mehrere Wochen dauern, und man darf nicht so schnell die Geduld verlieren. Außerdem sollte man keine Angst vor ein paar Schrammen haben. Wenn man den Pferden Gelegenheit gegeben hat, sich lange genug auf Distanz kennenzulernen, sind es meist wirklich nur kleine Kratzer und blaue Flecken – aber mit denen muß man rechnen. Zu solchen kleinen Verletzungen kann es in einer Herde jedoch auch sonst jederzeit kommen; meist heilen sie mit Hilfe von etwas Wundspray oder Wundsalbe schnell aus.

Hat Ihr altes Pferd dann seinen Platz in der Herde gefunden, so sollten Sie es dort nicht wieder herausreißen, denn Integration bedeutet Streß. Und der sollte für Ihr Pferd ja jetzt vorbei sein.

Welche Gruppen sind geeignet?

Nicht jede Pferdegruppe ist von ihrer Zusammensetzung her für die Integration eines alten Pferdes geeignet.
Mit Sicherheit fühlt sich ein etwas ruhebedürftiger älterer Wallach in einer Gruppe von Jungpferden nicht allzu wohl. Zwar kann er sich die Halbstarken meist vom Hals halten und bringt ihnen auf diese Art und Weise Manieren bei – doch seine eigene Ruhe und sein Wohlbefinden kommen dadurch möglicherweise zu kurz. Umgekehrt kann es sein, daß sich derselbe Wallach in einer Gruppe wirklich alter Pferde tödlich langweilt. Jedes Pferd ist hier weitgehend „für sich", hat relativ wenig Interesse an den anderen; und vielleicht findet er nicht mal jemanden zum Fellkraulen... In solch einer Gruppe kann jedes Pferd für sich vereinsamen.
Am besten ist eine gemischtaltrige gleichgeschlechtliche Gruppe. Stuten stehen gern mit Stuten zusammen, Wallache mit Wallachen – es sei denn, es bildet sich mal eine späte Liebe heraus. Auch das gibt es.
Die Gruppe, in die Sie Ihr Pferd integrieren wollen, sollte nicht zu groß sein. Sieben bis acht Pferde sind genug.

TIP
Auch wenn Sie Ihr altes Pferd in einer Gruppe halten, muß dafür gesorgt sein, daß es täglich kontrolliert wird – vielleicht tritt es sich mal einen Stein in den Huf oder holt sich irgendwo eine Schramme...

Wenn es weniger Tiere sind, sollten Sie darauf achten, daß es sich um eine gerade Zahl handelt. So haben die Pferde eher die Chance, Zuneigungen oder gar Freundschaften zu bilden, und keiner muß allein stehen.
Außerdem sollten die Pferde größtenteils schon erwachsen sein. Ein oder zwei Fohlen in einer Gruppe machen nichts aus; bei einem hohen Anteil junger Pferde, die gern mal um die Weide fetzen, könnte es aber passieren, daß Ihr altes Pferd abseits steht.
Schauen Sie sich also eine neue Gruppe sehr genau an, wenn Ihr Pferd darin leben soll. Verbringen Sie auch ruhig mal einen Nachmittag mit der Beobachtung der Gruppe, um etwas über deren Hierarchie und deren allgemeines Benehmen herauszufinden. Auch bei Pferden gibt es nette und weniger nette Individuen. Manche Pferdefamilien gehen ausgesprochen freundlich miteinander um, in anderen herrscht die pure Hackordnung.
Viel hängt das natürlich auch von dem Umfeld ab, von den Menschen, die mit den Pferden umgehen – auch die sollten Sie genau unter die Lupe nehmen, wenn Sie Ihr Pferd nicht selbst versorgen.

Ein altes Pferd allein?

Daß Pferde Herdentiere sind, ist allgemein bekannt – und ich habe es auch in diesem Buch schon erwähnt. Wenn ein Pferd aber sein ganzes Leben lang allein gelebt hat – sei es in einer Box im Reitstall, sei es bei seinem Besitzer zu Hause –, ist es fraglich, ob es im Alter in einer Gruppe glücklich wird.
Wenn Sie also beschließen, Ihr „Einzelpferd" wie bisher allein zu halten, so ist das bei einer Haltung hinterm Haus sicherlich kein Problem für Ihr Pferd, denn der persönliche Kontakt durch Füttern und Pflege bleibt ja erhalten. Auch wenn Sie Ihr Pferd nicht mehr reiten, müs-

sen Sie möglichst viel Zeit mit ihm verbringen – es hat ja sonst keine sozialen Kontakte!

Sie sollten auch erwägen, Ihrem Pferd vielleicht einen ruhigen **Stallgenossen** zu geben. Das kann ein Schaf, eine Ziege oder – viel besser noch – ein Esel sein. Alle diese Genossen haben ihre Vor- und Nachteile: Wenn Sie sich für ein Schaf oder eine Ziege entscheiden, brauchen Sie eine neue spezielle Weideumzäunung, denn Schafe pflegen durch Zäune zu krabbeln, und Ziegen können hervorragend klettern.

Esel haben den Nachteil, daß sie nicht zu überhören sind. Ich weiß, wovon ich rede: Ich habe zwei – oder besser, *sie* haben *mich*! Dennoch ist ein Esel einem

Als unnütz abgestempelt und total vernachlässigt. Leider gibt es nicht wenige alte Pferde, die dieses Schicksal teilen.

Schaf oder einer Ziege vorzuziehen. Schließlich ist er auch ein Equide.
Hat man mit der Nachbarschaft die Sache mit dem Krach abgeklärt, so sollte man nach einem Esel Ausschau halten. Leider ist ein Esel viel teurer als ein Schaf oder eine Ziege – aber er bietet Ihrem Pferd ja auch mehr. Und lassen Sie sich nicht von der immer noch umgehenden Geschichte mit den Lungenwürmern abschrecken, die Esel auf Pferde übertragen! Wenn Sie einen gesunden Esel von einem seriösen Züchter kaufen, nehmen Sie ihn entwurmt mit. Gute Eselzüchter haben übrigens keine Lungenwürmer in ihrem Bestand. Und in Feldversuchen in England wurde festgestellt, daß es mindestens so viele schlecht entwurmte Pferde mit Lungenwürmern gibt wie Esel. Also keine Angst davor!
Mit seinem neuen Stallgenossen ist Ihr Pferd nicht mehr allein und hat eine Ansprache, auch wenn Sie nicht da sind. Ein Pferd in einem Reitstall hat es da schon schwerer. Wenn es wirklich nicht mehr arbeiten kann, ist es dort meist nicht mehr gut aufgehoben – es sei denn, man räumt ihm eine „Sonderbehandlung" ein. Die könnte beispielweise so aussehen:

- Morgens füttern wie alle anderen Pferde, aber mit Brei oder Mash statt mit dem üblichen Hafer, den es nicht mehr kauen kann.
- Dann putzen wie alle anderen Pferde – danach ab auf die Weide oder in einen Auslauf mit anderen Pferden.
- Mittags oder nachmittags reinholen und füttern.
- Abends füttern mit Brei oder Mash.

Sehr schnell wird ein Pferd, das nicht mehr arbeiten kann, als unnütz abgestempelt und auch so behandelt. Sowie Sie eine derartige Einstellung bemerken, sollten Sie einen besseren Platz für Ihr Pferd suchen und es aus dem bisherigen Stall wegholen. Der Streß der Umstellung ist immer noch besser zu verkraften als ständig nachlässige Behandlung.

DIE ALTE STUTE –
Den Winter verbringt sie im Schweinekoben

Die alte Stute lebt in „meinem“ Dorf. Sie ist vermutlich 39 Jahre alt und war viele Jahre lang Kinderreitpony in einem entsprechenden Betrieb.
Als sie zu alt dafür wurde, wurde sie an einen Landwirt als Reitpony für seine Kinder verkauft. Die zeigten jedoch wenig Interesse an der Stute; und so wurde sie zwar versorgt – mehr aber auch nicht. Im Sommer stand sie allein auf der Wiese, im Winter bekam sie im Stall einen Koben neben den Schweinen und dasselbe Futter wie diese: trockene Weizenkleie.
Dann tauchte eines Tages ein Mädchen auf, das sich um die Stute kümmerte. Das Mädchen zog mit dem folgsamen Pony herum, es setzte sich auf dessen Rücken und forderte auch sicherlich manchmal zuviel von der alten Stute. Dennoch war das immer noch besser als das einsame Dahinleben.
Das Mädchen wurde älter und zu groß, um das kleine Pony noch zu reiten – aber ihre Liebe zu dem alten Pferd blieb. Vor und nach der Schule, später in der Lehre vor und nach der Arbeit und jetzt noch als junge Frau versorgt sie „ihre“ alte Stute, die ihr ja im Grunde gar nicht gehört. Im Sommer schaut sie morgens und abends nach ihr, im Winter bekommt das Pony eingeweichte Graspellets als Ergänzung zur Weizenkleie.
Nur selten geht die junge Frau noch mit der Kleinen spazieren – die alte Stute ist arg wackelig auf den Beinen, und im Winter ist sie die kalte Luft draußen und die Bewegung nicht gewöhnt – in einem Schweinekoben kann sich auch ein kleines

Pony gerade mal umdrehen... Im Sommer hat sie Kreislaufprobleme und wird von der jungen Frau homöopathisch behandelt.
Viel kann die Frau für das Pony nicht mehr tun. Alle Versuche, die Kleine den Besitzern abzukaufen, scheiterten. Aber manchmal setzt sich die junge Frau noch zu der Kleinen auf die Wiese und redet ein bißchen mit ihr über alte Zeiten...

Die Fütterung und Pflege alter Pferde

Wenn Sie Ihr Pferd schon einige Jahre haben und es vielleicht sogar in eigener Regie halten, dann kennen Sie seine Bedürfnisse. Sie wissen, ob Sie ein leichtfuttriges Pferd haben, das schon vom „in-die-Luft-Gucken" zunimmt, oder ein schwerfuttriges, in das man riesige Futterberge hineinstopfen kann.

Grundsätzlich sind alle Ponytypen und sehr alten Pferderassen leichtfuttrig. Mischrassen wie das deutsche Warmblut hingegen oder auch Kaltblutpferde brauchen mehr Futter. So kommt es, daß scheinbar so unterschiedliche Rassen wie das Fjordpferd und der Araber gleich leichtfuttrig sind – bei beiden handelt es sich um ursprüngliche Rassen, die auch ihre ursprüngliche Härte und Anspruchslosigkeit bewahrt haben.

Wenn Sie Ihr Pferd also kennen, wissen Sie, was es täglich braucht. Mit fortschreitendem Alter müssen Sie nur daran denken, die Futterration gemäß der Leistung des Pferdes umzugestalten. Und Sie müssen berücksichtigen, daß der alte Körper die Nahrung nicht mehr so gut auswerten kann.

Die Nahrungsverwertung

Wie bereits beschrieben, können alte Pferde die Nahrung aus mehreren Gründen nicht mehr so gut auswerten wie junge. Aufgrund der Zahnprobleme kann das Futter nicht mehr so fein zermahlen werden, daß Magen und Darm es leicht aufschließen könnten. Damit ergeben sich gleich zwei Probleme: Zum einen entnimmt der Körper dem Futter weniger Nährstoffe; zum anderen haben Magen und Darm mit der schlecht vorverarbeiteten Nahrung mehr Arbeit, was wiederum Kräfte verzehrt.

Außerdem lassen die Flexibilität und die Durchfeuchtung des Darmtraktes nach. Damit die Nahrung aber leicht durch die etwa 24 Meter Darm rutscht, muß sie gut feucht sein. Ist das nicht der Fall, so stockt der Nahrungsbrei, was wiederum zu Koliken führt. Zumindest passiert die Nahrung den Körper zu langsam; vermutlich kennen auch Pferde das unangenehme „Völlegefühl".

Die Nahrung des alten Pferdes sollte also so zusammengesetzt und aufbereitet sein, daß sie den Magen und den Darm mühelos passieren und soweit wie möglich ausgewertet werden kann. Doch auch bei sorgfältigst ausgewähltem Futterangebot und bester Aufbereitung kann der alte Organismus die Nahrungsbestandteile nicht mehr vollständig aufnehmen. Man muß daher damit rechnen, daß ein altes Pferd – gemessen an seiner Leistung – eine höhere Futterration braucht als ein junges.

TIP

Ein Salzleckstein sollte jedem Pferd ständig zur Verfügung stehen. Achtung: Im Freien muß er an einer überdachten Stelle angebracht werden, sonst wird das Salz durch den Regen gelöst, und der Boden unter dem Leckstein versalzt!

Kleine Portionen bei gehaltvollem Futter

Meine alten Pferde werden dreimal täglich gefüttert; die jüngeren Pferde zwar auch, aber die bekommen im Winter zweimal täglich Heu und nur einmal Kraftfutter, während die alten dreimal täglich ihr „Pöttchen" erhalten.
In dem „Pöttchen" befinden sich aufgeweichte Graspellets, Mineralfutter und eine kleine Menge von gewalztem Getreide oder gebrochenem beziehungsweise gemahlenem Mais sowie etwas Weizenkleie und Leinsamen. Mit dieser Futtermischung habe ich bei sehr alten Pferden, die kein Heu mehr kauen können, die beste Erfahrung gemacht. Meine Pferde gehören zu den Robusten, die sowieso nicht mit Hafer verwöhnt werden; so ist auch der Getreideanteil in der Mischung relativ gering. Ich greife dabei gern auf die sogenannten „Müsli-Mischungen" zurück, die oft als Diätfutter bezeichnet werden. Sie enthalten gewalzte Gerste, Hafer und Dinkel sowie Melasse. Allerdings achte ich darauf, daß der Melasse-Anteil in diesen Mischungen nicht zu groß ist, da das Futter sonst leicht zu patschig wird. Dazu kommen regelmäßig Möhren, rote Bete oder Rüben.

TIP
Für die Zubereitung von Mash gibt es verschiedene Rezepte. Hier ist eines davon, mit dem ich gute Erfahrungen gemacht habe:
500 Gramm Weizenkleie, einen Eßlöffel Salz, Hafer nach Bedarf und bis zu 100 Gramm geschroteten Leinsamen mit kochendem Wasser übergießen und ziehen lassen. Später mit kaltem Wasser nachfüllen, bis ein lauwarmer Brei entstanden ist.

Individuelle Pflege und Fütterung sind gerade für alte Pferde besonders wichtig.

Rechts oben:
Leinsamen, Weizenkleie, getrocknete Kräuter und Möhren – ein gutes Zufutter nicht nur für alte Pferde.

Rechts unten:
Vorsicht: Das Grünzeug an den Möhren ist giftig und muß sorgfältig entfernt werden!

Ich möchte hier jedoch keine Patentrezepte abgeben; dafür gibt es spezielle Literatur und mittlerweile eine Menge Fütterungsspezialisten. Fast alle großen Futtermittelhersteller geben auf Anfrage detaillierte Futterpläne ab, die allerdings meist ihr eigenes Produkt als Grundfutter angeben. Aber es gibt auch Spezialisten, die firmenunabhängig beraten; ihre Anschriften findet man im Anzeigenteil der Pferdezeitschriften.
Da ich davon ausgehe, daß Sie Ihr Pferd schon länger haben, sollten Sie die Fütterung langsam umstellen, wenn Sie beispielsweise merken, daß Ihr Pferd nicht mehr so gut kauen kann. Die Grundfutterbasis sollte soweit wie möglich dieselbe sein wie bisher.

TIP
Die Zufütterung von Kieselerde ist gut für die Beweglichkeit des Pferdes: Kieselerde führt dem Bewegungsapparat viele wichtige Substanzen zu. Einige Firmen, die sich auf sogenanntes Zufutter spezialisiert haben, führen auch Präparate mit hohem Kieselerde-Anteil.

Problematische Zeit: der Fellwechsel

Der zweimal jährlich stattfindende Fellwechsel bedeutet für den Pferdekörper eine besondere Anstrengung. Er findet bei allen Pferden statt, auch wenn man ihn bei Stallpferden nicht so deutlich bemerkt wie bei robust gehaltenen Pferden.
Gerade Stallpferde haben größere Probleme mit dem Fellwechsel, weil ihre Haut nicht wie die von Robustpferden durch klimatische Reize stimuliert wird. Außerdem können sich die meisten Stallpferde nicht wie Robustpferde nach Herzenslust wälzen oder kratzen,

wenn's mal juckt – sie müssen warten, bis sie geputzt werden.
Zum Winter hin muß der Körper eine ungeheure Menge neuer Haare bilden, zum Frühjahr hin muß er sie abstoßen – das kostet Kraft. Haare sind ja kein totes Material, sondern werden vom Körper her ernährt. So kann man vom Haarkleid eines Pferdes auch Rückschlüsse auf seinen Gesundheitszustand ziehen. Ein krankes Pferd hat ein stumpfes Fell, während das Haarkleid des gesunden Pferdes glänzend und glatt ist.
Um dem Pferd den Fellwechsel zu erleichtern, sollte man ihm in dieser Zeit gründlich die Haut massieren, damit sie gut durchblutet und elastisch wird. Eine saubere und dehnbare Haut „arbeitet" besser als eine stumpfe, schmutzige Haut.
Oft sind gerade ältere Pferde während des Fellwechsels etwas müde. Gönnen Sie Ihrem Pferd in dieser Zeit mehr Ruhe – sicherlich kennen Sie selbst die sogenannte Frühjahrsmüdigkeit; dann möchten Sie auch nicht gerade Hochleistungen vollbringen müssen.

Die Fütterung im Fellwechsel

Um dem Pferd im Fellwechsel den Aufbau des neuen Haarkleides zu erleichtern, sollten Sie neben dem üblichen Futter noch einige Zusätze geben.
Leinsamen hat einen günstigen Einfluß auf die Haut und damit auf das Haarkleid. Er hat aber auch die unangenehme Eigenschaft, daß er Blausäure freisetzt, wenn er mit Feuchtigkeit in Verbindung kommt. Und das läßt sich spätestens im Magen des Pferdes nicht mehr vermeiden...
Gegen die Freisetzung von Blausäure gibt es eine einfache Methode: Man kocht den Leinsamen etwa zehn Minuten lang. Aber Vorsicht: Leinsamen quillt beim Kochen

Im Frühjahr werden ungeheure Mengen von Haaren abgestoßen – das zehrt an den Kräften der Pferde.

sehr auf, und nichts ist scheußlicher als Leinsamenbrei auf der Kochplatte!
Kleinere Mengen Leinsamen kann man jedoch ohne Angst vor einer Vergiftung auch ungekocht verfüttern. Bei Großpferden gelten 100 Gramm, bei Fohlen und Kleinpferden bis zu 50 Gramm als unbedenklich. Größere Mengen sollte man abkochen.
Meine Pferde bekommen täglich die Menge Leinsamen übers Futter gestreut, die ich mit einer Hand aus dem Sack greifen kann – das sind etwa 30 Gramm; ich habe es nachgewogen. Übrigens brauchen Sie Leinsamen nicht im Reformhaus oder in den teuren abgepackten Drei-Kilo-Packungen für Pferde zu kaufen – viel billiger

ist es, ihn kiloweise lose beim Futtermittelhändler oder bei Raiffeisenkassen zu kaufen.

Ein anderes gutes Zufutter im Fellwechsel ist **Bierhefe**. Sie enthält nicht nur hochwertige Vitamine, Aminosäuren und Mineralstoffe sowie Spurenelemente – Bierhefe wirkt auch ausgleichend auf die Darmflora und fördert somit den Stoffwechsel, was wiederum dem Haarkleid zugute kommt.

Hochleistungspferde bekommen meist ständig Bierhefe zugefüttert; normal belasteten oder alten und gar nicht mehr arbeitenden Pferden sollte man sie zumindest im Fellwechsel geben. Die Fütterungsempfehlung lautet bei Großpferden bis zu 500 Gramm pro Tag; diese Menge ist aber eigentlich für Hochleistungspferde gedacht. 250 Gramm reichen normalerweise völlig aus, Kleinpferde sollten 70 bis 100 Gramm pro Tag erhalten.

Auch Bierhefe wird von Futtermittelhändlern und Raiffeisenkassen wesentlich günstiger angeboten als von Reitsportgeschäften, wo man sie in Kleinpackungen kaufen kann.

Außerdem ist es sinnvoll, im Fellwechsel **stoffwechselfördernde Kräuter** zu verfüttern. Frei herumstreifende Pferde suchten sich früher auf ihren langen Weide-Streifzügen instinktiv die Kräuter, die sie brauchten. Diese Möglichkeit haben unsere Pferde heute nicht mehr. Also müssen wir etwas gegen diesen Mangelzustand unternehmen. Zu den stoffwechselfördernden Kräutern zählen beispielsweise Zichorie, Löwenzahn, Brennesseln, Goldrute, Minze, Wacholder und natürlich Knoblauch. Sie können diese Kräuter wild sammeln – aber Vorsicht, nicht an Feldrändern! Hier besteht die Gefahr der Überdüngung und damit einer möglichen Vergiftung. Die gesammelten Kräuter müssen vor dem Verfüttern sorgfältig getrocknet werden. Sehr weit kommen Sie damit allerdings nicht, denn pro Pferd brauchen Sie im Fellwechsel doch eine ganze Menge.

Eine gute Methode, Pferde im Auslauf individuell zu füttern: der Eimer mit „Genickstück".

Es ist besser, sich beispielsweise aus Natur- und Ökozeitschriften Anschriften von Kräuterhandlungen herauszusuchen und deren Preise zu vergleichen.
Von den nicht so intensiv wirkenden Kräutern wie Brennesseln und Löwenzahn können Sie eine größere Menge bestellen, von Minze und Wacholder brauchen Sie dagegen deutlich weniger. Sie werden merken, daß Ihr Pferd die Kräutermischung gar nicht mag, wenn sie zu stark „parfümiert" ist.
Eine Handvoll Kräuter wird mit heißem, gerade nicht mehr kochendem Wasser überbrüht; dann läßt man das Ganze so lange ziehen, bis die Kräuter nur noch lauwarm sind, und gibt sie über das Kraftfutter. Viele Pferde trinken auch gern Kräutertee statt Wasser. Meine Esel sind im Winter übrigens geradezu verrückt nach lauwarmem Brennesseltee!
Selbstverständlich können Sie eine stärkende Kräutermischung auch von einem guten Zusatzfuttermittel-Hersteller beziehen. Seriöse Firmen bieten neben ihren Produkten auch eine gute und kostenlose Beratung an. Rufen Sie bei solchen Unternehmen an und fragen Sie nach, wenn Sie sich nicht selbst mit der Kräuterkunde befassen möchten.

TIP

Kräuter sind nicht nur im Fellwechsel wichtig, sondern das ganze Jahr über. Da auf unseren Weiden meist zu wenig Kräuter wachsen, sollte man den Pferden auch im Sommer Kräuter anbieten. Das kann in Form von Tee sein, oder man vermischt die Kräuter mit einer Handvoll feuchter Weizenkleie.

Eindecken – pro und contra

In vielen Reitställen deckt man die Pferde im Fellwechsel zum Winter hin ein, damit das Winterfell nicht gar so dick wird. Mit zu starkem Winterfell kann man die Pferde nicht intensiv reiten, da sie zu sehr schwitzen und dann sehr lange brauchen, bis sie wieder trocken sind – was wiederum die Gefahr einer Erkältung mit sich bringt. Beim Eindecken wird allerdings meist nicht bedacht, daß man das größte Organ des Pferdes, nämlich die Haut, von den klimatischen Reizen abschließt und ihr auch das Licht nimmt. Daß das auf Dauer nicht gesund sein kann, liegt auf der Hand.
Gerade alten Pferden sollte man also ihr langes Winterfell gönnen. Robust gehaltene Pferde brauchen es sowieso als Witterungsschutz. Sie kann man höchstens im Winter eindecken, wenn sie zum Frösteln neigen. Gleichzeitig sollte man ihnen aber energiereicheres Futter verabreichen, um den Stoffwechsel anzukurbeln, und ihnen gemäßigte Bewegung verschaffen; dann hört das Frösteln meist von selbst auf.

Scheren oder nicht?

Mit zunehmendem Alter bekommen die meisten Pferde im Winter ein dickeres Fell als früher. Die Natur sorgt schon für ihre Kinder: Das Fohlenfell im ersten Lebensjahr und das Fell im Alter ist das wärmste. Das hat seinen Sinn, denn der ganz junge Körper braucht wie der alte mehr Wärme.
Zum Problem kann diese Wärme, also das besonders dicke Fell, allerdings im Frühjahr werden. Alte Pferde wechseln ihr Fell nicht mehr so mühelos wie junge; und die Erfahrung der letzten Jahre zeigt, daß die Frühjahrswärme immer früher und überfallartiger kommt.

Bei Pferden, die ihr Fell schlecht wechseln, kann man „Rallyestreifen" ins Fell schneiden, die sozusagen für Durchlüftung sorgen: Zwei waagerechte, jeweils ein bis zwei Zentimeter breite Streifen im Abstand von ein bis zwei Handbreit sorgen für Ventilation. Das Winterfell ist lang genug, um die Streifen noch zu überlappen, so daß das Pferd dadurch nicht friert; aber übermäßige Hitze hat hier eine Möglichkeit, zu entweichen. Ich habe damit bei meinen alten Pferden – und übrigens auch bei jüngeren Islandpferden, die im Frühjahr ins Training kommen sollten – die besten Erfahrungen gemacht.

Lediglich ganz alte Pferde, die ihr Fell auch im Frühsommer noch nicht wechseln und offensichtlich unter dem dicken Mantel leiden, sollte man an einem schönen warmen Sonnentag scheren. Dann kann man sie auch gleich waschen und den Winterschmutz entfernen. Jetzt brauchen sie aber auch bei warmem Wetter unbedingt einen Windschutz. Denn auch wenn die Luft schon warm ist, ist der Pferdekörper nun ungeschützter und reagiert empfindlicher auf klimatische Reize.

Wenn man den Pferden die Umstellung durch das Schneiden von „Rallyestreifen" erleichtert, ist das gesünder als jede Radikalkur wie Eindecken oder sofortiges Scheren. Daß Ihr Pferd mit diesen Streifen für unbedarfte Besucher etwas ungewöhnlich aussieht, werden Sie sicherlich überleben... Ich habe es erlebt, daß Leute, die sich bei mir eines Frühjahrs über mein gestreiftes Pony halbtot lachten, ihr eigenes Pferd im nächsten Frühjahr selbst so „verunzierten".

Pro und contra Hufbeschlag

Pferde, die ihr Leben lang Hufeisen oder Kunststoffbeschlag getragen haben und damit gut gingen, sollte man weiter beschlagen lassen. Ich kenne zwar die Meinun-

Nicht nur arbeitende Pferde brauchen gründliche Hufpflege. Auch bei alten Pferden müssen die Hufe regelmäßig berundet beziehungsweise ausgeschnitten werden.

gen, daß nur ein unbeschlagenes Pferd ein glückliches Pferd sei – ich habe aber auch einige Pferde in der Übergangszeit zum Barhufgehen gesehen: Es war zum Erbarmen, und ich bin mir nicht sicher, ob ich das meinem Pferd zumuten würde, wenn es bisher locker und frei mit Eisen ging.

Mein altes Pony läuft ohne Beschlag. Als es zu mir kam, trug es keine Eisen – und da es sich halbverhungert und schwankend vor Schwäche sowieso kaum bewegte und wahrlich andere Probleme als den Hufbeschlag hatte, ließ ich es erst einmal barhuf laufen. Das ist bis heute so geblieben – aber Pascha wird natürlich nicht mehr geritten. Seine Hufe reiben sich auf dem mit Lava bedeckten Auslauf gleichmäßig ab. Die Kronränder muß ich allerdings regelmäßig mit wachstumsförderndem Lorbeeröl pflegen, sonst würden die Hufe nicht mehr genügend wachsen.
Denn im Alter lassen sowohl Hufwachstum als auch Elastizität der Hufe nach. Wo die Pferde nicht wie bei mir die Möglichkeit haben, teils auf der harten Lava zu stehen, sich aber auch nach Belieben auf einen weicheren und damit feuchteren Boden zu begeben, und wo sie morgens nicht auf die taunasse Wiese kommen, bedürfen sie intensiver Hufpflege.

Die Hufpflege

Daß die Hufe regelmäßig ausgeschnitten beziehungsweise beschlagen werden, setze ich als selbstverständlich voraus. Aber sie müssen auch genügend Feuchtigkeit bekommen. Das kann durch Abspritzen oder durch Baden geschehen. Ob man die Hufe hinterher dünn einfettet, hängt davon ab, auf welchem Untergrund das Pferd anschließend steht. Kommt es in eine gut mit Hobelspänen ausgestreute Box, so kann man die Hufe dünn fetten. Das Fett hält die Feuchtigkeit im Huf, die sonst durch die Hobelspäne regelrecht aufgesogen werden kann. Bringt man das Pferd jedoch in einen Auslauf oder in eine mit Stroh eingestreute Box, so sollte man das Fetten sein lassen – lieber einmal öfter die Hufe befeuchten.

Auch bei Pferden, die nicht mehr geritten oder gefahren werden, ist das tägliche Auskratzen der Hufe ein Muß.

Beim Fahren entdecken die Pferde und ihre Besitzer neue Wege und Formen des Zusammenseins (siehe nächste Doppelseite).

Besser als Fett beziehungsweise Öl ist in jedem Fall eine gute Hufemulsion. Fett und Öl verschließen die Poren des Hufs, während der feuchte Teil der Emulsion in den Huf eindringt und nur ein kleiner Teil davon wie ein Film den Huf umgibt.

Wichtig ist beim Huf wie bei den Gelenken, Muskeln und Sehnen die Elastizität. Sie erhält man durch regelmäßige leichte Bewegung. Das muß nicht unbedingt bedeuten, daß man das Pferd reitet oder longiert. Ein wirklich altes Pferd ist darauf nicht mehr so scharf – aber es muß genügend Auslauf haben und auch animiert werden, sich zu bewegen. Dazu kann es durch Herdengenossen angeregt werden oder durch den Menschen, der beispielsweise mit ihm spazierengeht.

DAS EHEPAAR HÖLLER – Fahren nach dem Reiten

Jahrzehntelang waren Herr und Frau Höller aktive Reiter; als sie und ihre Pferde älter wurden, haben sie sich ganz aufs Fahren verlegt. Die Pferde wurden umgeschult, und nachdem die Freude am Kutschenfahren wuchs, kauften die Höllers sogar einen Planwagen. Dieser Wagen ist innen so ausgebaut, daß man dort schlafen und größere Mengen Gepäck, Kochzeug, Elektrozäune, Batterien und so weiter mühelos darin verstauen kann.
Während die Höllers früher vorzugsweise in der Umgebung ritten, hat sich ihr Schwerpunkt durch das Fahren verlagert: Es wird zwar regelmäßig angespannt, aber die Höhepunkte des Jahres sind die langen Wanderfahrten, bei denen es keine festen Tagesziele gibt. Die gut ausgebildeten Pferde haben mittlerweile schon fast ganz Deutschland erkundet. Mal wurden sie samt Planwagen in die Heide transportiert und machten dort mit ihren Besitzern (Arbeits-) Ferien, mal fuhr man ins Hohe Venn oder ins Fränkische.
Unterwegs verbringen die Pferde die Nächte im Elektropaddock auf einer Wiese. Morgens bekommen sie von Herrn Höller eine ordentliche Portion Kraftfutter, während Frau Höller das Frühstück macht. Dann wird der Wagen vom Schlafzimmer zum Transportfahrzeug umgeräumt, die Elektrozäune werden verstaut, die Pferde eingespannt – und los geht es. Mittags bekommen die Pferde wieder Kraftfutter und gemähtes Gras, und nach einer ausgiebigen Verdauungspause geht es weiter bis zum späten Nachmittag. Dann wird das

Nachtquartier gesucht, das meist aus einer Wiese besteht. Während die Höllers das Abendessen zubereiten, fressen die Pferde Gras und Kraftfutter. Nachts tappen sie dann um den Wagen herum.

Die Pferde sind wirklich nicht mehr die jüngsten, aber auf ebenem Boden ziehen sie den leichten Wagen doch locker 30 Kilometer am Tag – und das reicht ja für eine Wanderfahrt.

Für diese Art des Pferdesports spricht es übrigens, daß eine der Höllerschen Stuten im Alter von immerhin 21 Jahren ihr erstes Fohlen zur Welt brachte. (Es wird auch ihr einziges Fohlen bleiben.) Die Trächtigkeit war ebenso unproblematisch wie das Abfohlen. Das liegt wohl auch an der artgerechten Haltung mit viel Auslauf, viel Weide und regelmäßiger, nicht übertriebener Arbeit.

Neben den Wanderfahrten haben die Höllers übrigens noch eine weitere Facette des Fahrens entdeckt: Sie schafften sich eine schöne alte Victoriakutsche an, ein richtiges Schmuckstück. Dazu braucht man natürlich ein passendes Geschirr – und so kommt es, daß das repräsentative Gespann des Ehepaars Höller ab und zu bei Hochzeiten und anderen feierlichen Anlässen anzutreffen ist.

Die Höllerschen Pferde fühlen sich offensichtlich wohl, und ihre Besitzer auch. Das Ehepaar Höller jedenfalls weiß, daß das Verzichten aufs Reiten ihr Leben mit Pferden keineswegs ärmer, sondern reicher gemacht hat...

Drei „Alterchen" genießen gemeinsam den Ruhestand.

Alte Pferde haben nicht weniger Bedürfnisse als ihre jüngeren Artgenossen. Ganz im Gegenteil: Die Ansprüche an Haltung und Fütterung steigen im Alter oft.

Der Gnadenhof – eine umstrittene „Lösung“

Zuerst ein Wort zu dem Begriff Gnadenhof. Meiner Meinung nach ist er reichlich antiquiert und entspricht nicht mehr unserem heutigen Verhältnis zum Pferd.
Pferde waren früher mehr als heute für die Arbeit da. Sowohl in bäuerlichen Betrieben als auch zu Transportzwecken und in der Kavallerie stellten sie eine Investition dar, die sich auszahlen mußte. Brachten sie keinen Nutzen mehr, so mußten sie weg – was im Klartext Schlachthof hieß, denn da bekam man noch ein paar Mark für das Fleisch.
Die meisten heutigen Reiter haben ein anderes Verhältnis zu ihrem Pferd – und deshalb finde ich es nicht in Ordnung, es als „Gnade“ zu bezeichnen, wenn man seinem Pferd nach dem Höhepunkt seiner Arbeitsfähigkeit noch ein paar schöne Jahre gönnt. Wenn das Pferd nicht mehr „nutzbar“ ist, stellt sich meist eine gewisse Hilflosigkeit ein: Was soll man ab jetzt mit dem Pferd machen? Und „Pferdegnadenhof“ – das klingt gut. Nicht umsonst boomen die Höfe, die „Gnadenbrotpferde“ aufnehmen. Ohne den korrekt und liebevoll geführten Höfen etwas zu wollen: Man kann gutes Geld damit verdienen.

Deshalb muß man *sehr gut* hinsehen, wenn man sein Pferd auf einen Gnadenhof gibt. Und wenn man eine bessere Möglichkeit findet, sein Pferd unterzubringen, dann sollte man die ergreifen.

TIP
Mißtrauen Sie Gnadenhöfen, die hauptsächlich von Spenden leben – das sind unsichere Existenzen. Ein altes Pferd kann man nur dann aufnehmen, wenn man ihm sein Leben auf Jahre hinaus sichern kann... Und das kann kein Gnadenhof, der in erster Linie durch Spenden finanziert wird.

Ein emotionsgeladenes Thema

Vor Jahren hörte ich wahre Gruselgeschichten von einem Gnadenhof in Süddeutschland. Da war die Rede von halbverhungerten Pferden, die in überfüllten Ausläufen im Matsch stünden; von einem 16jährigen Hengst, der seit Jahren nicht aus seiner Box geholt worden sei, weil man Angst vor ihm hätte; von einer halbwilden Herde irgendwo auf den weiten Weiden, an die man gar nicht mehr rankäme... Außerdem hieß es, man hätte irgendwann mal „zufällig" ein totes Pferd auf der Weide gefunden – und so weiter.
Da dieser Hof das Renommierobjekt einer der größten deutschen Tierschutzorganisationen war, konnte ich all das gar nicht glauben. Aber die Gerüchte wurden immer wieder an mich herangetragen, und so fuhr ich eines Tages selbst hin.
Was ich sah, übertraf meine schlimmsten Vorstellungen: Pferdeboxen wie vor 100 Jahren, hochvergittert in einem dunklen Stall. Den Mist roch man bis nach draußen, und der Hengst, von dem ich gehört hatte, stand tatsächlich

in einer Box ohne Fenster; die Tür zur Stallgasse war bis oben hin aus stabilem Holz, nur ganz oben befand sich ein kleines Gitter. Man wußte, daß ich von einer Pferdezeitschrift kam, aber niemand traute sich, mir diese Box zu öffnen. „Das ist ein *Hengst*", hieß es, „der ist gefährlich."

In den Ausläufen standen die erbärmlichsten Pferde, die ich bis heute gesehen habe. Pro Auslauf gab es jeweils nur einen relativ kleinen Offenstall, in welchem gefüttert wurde. Der Stall faßte jedoch nicht alle Pferde, so daß die ganz alten und schwachen draußen bleiben mußten. Mindestens ein Drittel der Pferde war halbverhungert, und sie standen bis zum Karpalgelenk nicht nur im Matsch, sondern im eigenen Kot.

Es war ein Tag Anfang Mai mit einem Kälteeinbruch: Seit 24 Stunden regnete es ohne Unterlaß – aber viele alte Pferde hatten keinen Unterstand. Und die Liste der Mißstände wäre beliebig fortzuführen.

Im September – nachdem die Tierschutzorganisation von mir auf die Verhältnisse dort aufmerksam gemacht worden war, aber nichts geändert hatte – veröffentlichte ich einen Artikel in einer Pferdefachzeitschrift. Der Beitrag war so sachlich wie möglich geschrieben und mit Fotos untermauert.

Damals wußte ich noch nicht, daß gerade Artikel über emotionsgeladene Themen oft nicht genau gelesen werden – denn was daraufhin auf mich zukam, erschütterte mich doch ziemlich. Zum einen drohte die Tierschutzorganisation mit einer Klage wegen Verleumdung, zu der es übrigens nie kam. Und zum zweiten fielen alle möglichen Leser über mich her: Ob ich meine Pferde lieber schlachten lassen würde statt ihnen noch ein paar schöne Jahre zu gönnen; ob ich nicht wüßte, daß alte Pferde eben „so" aussähen – und so weiter...

Seit Jahren hatte es auf keinen Artikel in dieser Zeitschrift auch nur annähernd so viele Zuschriften gegeben.

Und es waren kaum kompetente, die Tatsachen berücksichtigende und abwägende darunter.
Seitdem weiß ich, daß das Thema Gnadenhof ein heißes Thema ist. Seitdem weiß ich aber auch, wie viele Pferdebesitzer ihre ach so geliebten Pferde dort am Hoftor abgeben und ihr Gewissen mit einem monatlichen Scheck beruhigen. Nachsehen? – Ach was, es wird dem Pferd schon gut gehen...
Natürlich gibt es auch Höfe, auf denen man sich liebevoll um die alten Pferde kümmert, sie individuell versorgt und gut pflegt – aber das ist die Ausnahme, glauben Sie mir. Und für 250 Mark im Monat geht das sowieso nicht.

Auch Gnadenhöfe kosten Geld

Bevor Sie sich näher mit dem Gedanken an einen Pferdegnadenhof befassen, sollten Sie sich darüber klar werden, daß gute Pferdeunterkünfte nicht billig sind – und zwar für alte Pferde ebensowenig wie für jüngere. Warum auch – Ihr Pferd frißt nicht weniger als früher, höchstens die Kraftfutterration ist etwas kleiner. Es braucht eventuell eine spezielle Fütterung, und es benötigt nicht weniger Aufmerksamkeit und Pflege als früher und meist auch nicht weniger Platz.
Warum also sollte ein gut geführter Gnadenhof, auf dem ein Pferd täglich kontrolliert und seinen Bedürfnissen entsprechend gefüttert und versorgt wird, billiger sein als ein Reitstall? Vielleicht ist er etwas preiswerter als ein Nobelstall mit mehreren Reithallen und Außenplätzen – aber auch die Betreiber von Gnadenhöfen müssen rechnen und wollen etwas verdienen, was ja auch ihr gutes Recht ist.
Einem Gnadenhof, auf dem Sie ein Großpferd für 150 oder 250 Mark im Monat unterbringen können, sollten

Selbst wenn Sie einen Gnadenhof finden, der Ihrem Pferd einen engen Kontakt zu einer Bezugsperson bietet, kann dies die über Jahre und Jahrzehnte gewachsene Vertrautheit zwischen Innen und Ihrem Pferd nicht ersetzen.

Sie erst einmal mißtrauen. Vielleicht gibt es ja Idealisten, die ein solches Rechenkunststück fertigbringen – aber glauben Sie mir: Meist geht das auf Kosten der Pferde. Da werden sie beispielsweise alle gemeinsam aus einem großen Trog mit Kraftfutter gefüttert – wer was kriegt, hat Glück, wer nicht, hat eben Pech. Oder sie laufen Tag und Nacht auf der Weide herum und werden nicht täglich kontrolliert oder regelmäßig tierärztlich untersucht.
Nein – für einen guten Unterstellplatz auf einem Pferdegnadenhof müssen Sie mindestens 350 bis 400 Mark bezahlen, und das ist eher die unterste Grenze und auf Gegenden bezogen, in denen es allgemein billig ist, Pferde zu halten.

Was zeichnet einen guten Gnadenhof aus?

Sie müssen sich also gründlich umsehen, bevor Sie Ihr Pferd auf einem Gnadenhof unterbringen. Schon wenn Sie in den Hof kommen, sollten Sie eine angenehme Atmosphäre spüren. Ein unordentlicher Hof, dunkle Stallgassen, schlechte Zäune – all das sollten Sie nicht vorfinden. Oft ist der erste Eindruck entscheidend und richtig.
Ein gut geführter Gnadenhof sollte hell und freundlich sein und sich in einen Boxenstall und mehrere Offenställe jeweils mit Ausläufen aufteilen.
Nicht jedes Pferd soll oder möchte im Alter zusammen mit anderen Pferden im Offenstall leben. Für solche Pferde sollten Boxen mit angrenzenden kleinen Paddocks zur Verfügung stehen, die den Sozialkontakt zu den Boxennachbarn ermöglichen. Die Boxentüren zur Stallgasse hin sollten nicht vergittert sein. Daß die Boxen gut ausgestreut sind, eine Selbsttränke und auf der gegenüberliegenden Seite einen festen Futtertrog haben, sollte selbstverständlich sein. Für die Boxenpferde muß außerdem noch ein großer trockener Auslauf zur Verfügung stehen, in dem man sie einzeln oder zu mehreren unter Aufsicht laufen lassen kann.
Die Offenställe sollten so konzipiert sein, daß alle Pferde dort einen Platz finden. Das bedeutet, daß sie entweder zur windabgeneigten Seite hin offen sind oder mindestens zwei Eingänge haben, damit ein ranghöheres Pferd den anderen nicht den Ein- oder Ausgang versperren kann. Ist der Offenstall sehr groß, so sollte er auch den sogenannten „Angstbalken" in einer Ecke haben, also einen stabilen Balken vom Boden bis zur Decke. Jagt ein Pferd ein anderes, so kann dieses um den Balken herumlaufen und hat somit immer eine Fluchtmöglichkeit.
Die Ausläufe sollten auch bei schlechtem Wetter trocken sein – sei es durch eine Drainage oder durch einen entsprechenden Untergrund. Stacheldrahtzäune

sollte es auf dem ganzen Hof nicht geben. Abgesehen davon, daß sie sowieso als nicht pferdegerecht abzulehnen sind, sind sie gerade für Pferdesenioren besonders gefährlich: Alte Pferde sehen oft nicht gut, und den dünnen Draht können sie kaum wahrnehmen. Weiden und Ausläufe müssen also gut sichtbare, stabile und verletzungssichere Einzäunungen haben.
Auch die Futterkammer sollte man sich zeigen lassen und darauf achten, ob es einen regulären Futterplan für jedes Pferd gibt. Einheitsfutter und Standardrationen für alle kommen für alte Pferde nicht in Frage.
Außerdem sollten Sie sich darüber informieren, ob regelmäßig der Schmied auf den Hof kommt und ob es einen Beschlags- oder Hufpflegeplan für die Pferde gibt. Dasselbe gilt für die medizinische Betreuung: Ist der Tierarzt zu regelmäßigen Kontrollen da? Ist ein Entwurmungs- und Impfplan einzusehen?
Mehr noch als in einem Reitstall, in dem Sie täglich sind, sollten Sie hier auf Genauigkeit achten. Kann oder will man Ihnen alle diese Dinge nicht freizügig und ohne Probleme zeigen – fahren Sie wieder nach Hause! Das ist kein Platz für ein altes Pferd!

TIP
Fragen Sie das Personal, wieviel Zeit man pro Tag für jedes Pferd hat. Ich kenne einen Hof, dessen Besitzer stolz darauf ist, daß er zweieinhalb Minuten pro Tag für jedes Pferd „braucht" ...

Kontrolle ist besser

Haben Sie aber eine Unterkunft für Ihr Pferd gefunden – sei es auf einem Pferdegnadenhof, sei es in einem anderen Pferdehaltungsbetrieb –, dann sollten Sie Ihr Pferd

dort nicht einfach abgeben und die Sache mit einem Dauerauftrag bei Ihrer Bank beschließen.
Pferde – und ganz besonders alte Pferde – können sich nicht gegen schlechte Behandlung wehren. Deshalb sollten Sie immer mal wieder nach Ihrem Pferd sehen, und zwar unangemeldet und in unregelmäßigen Abständen. Nur so können Sie nachvollziehen, ob Ihr Pferd auch *immer* gut behandelt wird. Und abgesehen von Ihrer Liebe

PASCHA – Mein altes Pony

Pascha kam mit etwa 35 Jahren sozusagen auf dem Weg zum Schlachthof zu mir. Viele Jahre lang hatte er jugendliche Einsteiger bei ihren ersten Distanzritten getragen; noch heute hat er einen schönen raumgreifenden Trab. Doch dann war er irgendwann für die Distanzritte nicht mehr leistungsfähig genug und brachte einem kleinen Jungen das Reiten bei. Als der Junge auf ein Quarter Horse überwechselte, wurde Pascha kurzerhand beiseite gestellt.
So stand er zwei Jahre lang herum. Jetzt rief man seine frühere Besitzerin an, sie möge ihn doch wieder holen... Das tat sie auch, allerdings ziemlich ratlos, denn sie wußte nicht, wohin mit ihm. Durch Zufall fuhr sie mit dem Pony im Hänger bei mir vorbei – just zwei Tage, nachdem mein kleines Handpferd gestorben war; und mein Haflinger trauerte.
So wurden wir schnell einig, und ich nahm Pascha, so erbarmungswürdig er auch aussah: Er war rappelmager, die Hüftknochen und die Wirbelsäule stachen hervor; man sah deutlich das Nackenband, und die Höhlen über den Augen waren schier unendlich tief. Dazu schwankte er unsicher mit der Hinterhand und lehnte sich nach Möglichkeit irgendwo an. Mit

zu Ihrem Pferd: Sie zahlen ja auch gutes Geld dafür. Also suchen Sie die Unterkunft für Ihr Pferd nach Möglichkeit nicht allzu weit von Ihrem Wohnort entfernt oder finden Sie jemanden, der für Sie regelmäßig nach Ihrem Pferd schaut. Auf jeden Fall sollten Sie mit dem Stallbesitzer vereinbaren, daß Sie sofort zu benachrichtigen sind, wenn Ihr Pferd ernstlich krank wird – und natürlich erst recht dann, wenn es getötet werden muß.

einem Wort: ein Bild des Jammers. Ich nahm ihn dennoch und habe es keinen Tag bereut. Heute ist Pascha 40 Jahre alt; und ich freue mich jeden Morgen, wenn er auf mich und sein „Pöttchen" mit aufgeweichten Graspellets und anderen guten Dingen wartet.

Er hat meinem kleinen Esel Manieren beigebracht und hält täglich eine zünftige Rauferei mit ihm ab; er ist der ruhende Pol in Silvesternächten oder wenn der Karnevalszug vorbeikommt. Und er läßt sich stundenlang von ungeschickten Kindern putzen.

Im Winter erinnert er an einen Zottelbär, doch im Sommer sieht man ihm das elegante kleine Laufpferdchen immer noch an. Mittlerweile hat er im Sommer Kreislaufprobleme, die aber durchaus noch in den Griff zu bekommen sind. Ansonsten bekommt er den Tierarzt nur zu den üblichen Impfungen zu Gesicht.

Manchmal fragen mich die Leute, wozu ich das alte Pferd denn noch hätte... Ja, wozu eigentlich?

Seinet- und meinetwegen. Er hat es verdient, nach einem Leben voller Arbeit gemütlich ausruhen zu können. Und ich freue mich über ihn. Er ist ein wirklich netter alter Herr.

Zum Schluß...

Jedes Leben hat ein Ende, auch das Pferdeleben. Glücklich das Pferd, das irgendwann einmal nach einem langen und gesunden Leben einfach *einschläft...*
Leider ist das selten so. Natürlich könnte man es so weit kommen lassen, daß sich ein altes oder krankes Pferd beispielsweise so lange quält, bis es irgendwann sozusagen von selbst stirbt. Das jedoch entspricht nicht im geringsten unserer Ethik und unserer Verpflichtung dem Pferd gegenüber.
Wir sollten unsere Pferde so lange leben lassen, wie sie einigermaßen beschwerdefrei und fröhlich sind – und wenn sie zu leiden beginnen, sollten wir ihrem Leben ein schnelles Ende setzen. Das ist der letzte Freundschaftsdienst, den wir ihnen schuldig sind – auch wenn es noch so schwer fällt...
Ich kann es gar nicht in Worte fassen, wie sehr ich die Pferdebesitzer verachte, die ihr Pferd zum Sterben weggeben und in der letzten Sekunde nicht bei ihm bleiben; die ihr Pferd nicht bis zuletzt beschützen, damit ihm nichts Schlimmes mehr passieren kann und es keine Todesangst zu haben braucht. Da stehen die Reiter dann abends an der Box ihres Pferdes und geben ihm noch ein paar Möhrchen und heulen Krokodilstränen! Möglicher-

weise schlafen sie auch schlecht in dieser Nacht und haben einen unruhigen Vormittag, weil da ihr Pferd „abgeholt“ wird. Gegen Abend geht es ihnen dann besser, denn dann ist „alles vorbei“; und es wird schon glatt gegangen sein.
Ja – vielleicht. Vielleicht aber auch nicht. Möglicherweise ist das Pferd nicht bis zuletzt liebevoll behandelt worden, vielleicht hatte es Angst auf dem Schlachthof oder befindet sich gar auf dem Weg nach Frankreich oder Italien...
Lassen Sie das nicht zu! Lassen Sie Ihr Pferd nicht allein, und werden Sie nicht hysterisch, wenn es getötet wird. Weinen können Sie, wenn es tot ist – Sie müssen es nicht mit Ihrem Schluchzen beunruhigen, solange es noch lebt und an nichts Schlimmes denkt. Nur mit Ihrer Unterstützung kann Ihr Pferd schnell und ohne Todesangst sterben.

Das Einschläfern

Es gibt zwei Möglichkeiten, ein Pferd töten zu lassen. Beide führen, wenn sie sachkundig ausgeführt werden, in Sekundenschnelle zum Tod.
Die eine Möglichkeit ist das Einschläfern. Das kann auf dem heimischen Gelände, vielleicht am Rand einer Weide, durchgeführt werden. Das Pferd bekommt durch den Tierarzt intravenös eine starke Narkosespritze und *sofort danach* die tödliche Spritze. Innerhalb von Sekunden bricht das Pferd zusammen und ist schon tot, wenn es auf den Boden fällt.
Ich wollte die Formulierung „auf den Boden *knallt*“ eigentlich vermeiden – aber jetzt verwende ich sie doch. Das Pferd hat während des Zusammenbruchs keine Kontrolle mehr über sich und knallt deshalb tatsächlich auf den Boden – und das sollten Sie wissen. Erstens, damit

Irgendwann ist es Zeit, Abschied zu nehmen. Genießen Sie die letzten Tage mit Ihrem Pferd, und begleiten Sie es bis zum letzten Atemzug – das sind Sie ihm schuldig.

Sie sich innerlich darauf vorbereiten können, und zweitens, damit Sie für diese Aktion besser eine Wiese wählen als etwa den Betonboden vor dem Stall.
Wenn das Pferd tot ist, sollten Sie weggehen. Überlassen Sie es jemand anderem, Ihrem Pferd das Halfter abzuziehen. Und schauen Sie nicht zu, wenn es auf den Wagen der Tierkörperverwertungsanstalt gezogen wird. Das können und sollten Sie sich ersparen. Ich hoffe für Sie, daß Sie einen Freund haben, der Ihnen die Anwesenheit hierbei abnimmt.
Außerdem müssen dem Pferd die Eisen abgenommen werden; sonst nimmt die Tierkörperverwertungsanstalt den Körper nicht mit. Vielleicht haben Sie einen guten Schmied, der dies bei Ihrem toten Pferd erledigt. Wenn Sie den Termin der Einschläferung gut planen – und das sollten Sie unbedingt tun –, kann der Schmied auch beim Aufladen dabei sein.

Für Sie ist ein Abschnitt vorbei. Sie bekommen noch die Rechnung des Tierarztes über etwa 150 bis 200 Mark und eine weitere in Höhe von etwa bis zu 50 Mark von der Tierkörperverwertungsanstalt.

Der Bolzenschuß

Vielleicht möchten Sie Ihr Pferd aus irgendwelchen Gründen nicht einschläfern, sondern schlachten lassen. Dann sollten Sie auf jeden Fall versuchen, einen Pferdemetzger zu finden, der das Pferd in heimischer Umgebung tötet; viele Schlachter tun das.
Auch das geht blitzschnell und läuft bei einem guten Pferdemetzger ohne Angst für das Pferd ab. Das Pferd bekommt ein Bolzenschußgerät auf die Stirn gehalten. Der Pferdemetzger drückt ab, und auch jetzt fällt das Pferd im selben Moment auf den Boden.

Anschließend wird die Halsschlagader geöffnet, damit das Pferd ausblutet. Aber da sollten Sie schon nicht mehr dabei sein und einen Freund bei Ihrem Pferd lassen – vielleicht können Sie ihm später einmal denselben Freundschaftsdienst bei seinem Pferd erweisen. Das bei einem anderen Pferd zu sehen, ist nicht so schlimm wie beim eigenen.
Das Ausbluten dauert einige Minuten, dann wird das Pferd in den Hänger des Pferdemetzgers gezogen; und Ihrem Freund bleibt noch die Aufgabe, das Blut zu entsorgen.
Später bekommen Sie dann den Schlachtpreis vom Pferdemetzger. Das sind je nach Pferd zwischen 800 und etwa 1700 Mark.
Das Verfahren auf dem Schlachthof ist genau dasselbe. Allerdings ist hier einiges zu beachten: Sie sollten *unbedingt* einen Termin am frühen Morgen ausmachen; sonst kann es passieren, daß sich Ihr Pferd längere Zeit im Schlachthof aufhalten muß. Und das ist nicht nur für das Pferd nervenzerreißend – auch Sie werden das garantiert kaum aushalten!
Machen Sie also einen frühen Termin aus und benachrichtigen Sie auch den Amtstierarzt des Schlachthofs, der das Pferd zur Tötung freigeben muß. Auch hier sollten Sie einen Freund mitnehmen, der im Notfall die Nerven behält, wenn Sie sie verlieren.
Sobald das Pferd den sogenannten Schlachtbereich betreten hat, darf es ihn nicht mehr lebend verlassen. Der Schlachtbereich ist durch Tore gekennzeichnet, die nur nach innen aufgehen; oft sind es nur Paddocks. Ab hier gibt es kein Zurück mehr – auch nicht für Sie, denn jetzt müssen Sie dabei bleiben.
Es kann sein, daß Ihr Pferd nicht in den Schlachtraum gehen will. Pferde haben oft Angst davor. Bestehen Sie in diesem Fall darauf, daß Ihr Pferd draußen getötet wird. Das ist ohne weiteres möglich, wenn auch mit Mehr-

arbeit für das Personal verbunden – etwa, weil das Blut hier manchmal nicht automatisch abläuft. Aber es geht! Ich habe es selbst mehrfach für die Pferde von Freunden durchgesetzt, die zwar dabei waren, aber selbst in dieser Situation nicht genug Durchsetzungskraft hatten. Hierfür braucht man eine etwas unbeteiligtere ruhige Person.
Dulden Sie nicht, daß man grob mit Ihrem Pferd umgeht, machen Sie ihm das Ende leicht und schnell – und gehen Sie auch hier weg, sobald Ihr Pferd tot ist.
Wenn Sie das für Ihr Pferd getan haben, brauchen Sie später keine Alpträume zu haben, in denen Sie sich ausmalen, was vielleicht geschehen ist, weil Sie nicht dabei waren.

FRODI FRÀ KOLKUOSI

Frodi frà Kolkuosi – ihn kannten viele Islandpferdereiter. Den großen imposanten Rappen, der auf dem Pferdetag in Gardabej auf Island an der Doppellonge solch einen hinreißenden Trab gezeigt hatte, daß er von der Stelle weg als Turnierpferd auf den Kontinent verkauft wurde.

Doch er entwickelte niemals wieder diese Gänge; zwar hatte er Turniererfolge, aber nach und nach verlor er seine Ausstrahlung. Er wanderte von Trainer zu Trainer durch halb Europa und wurde offensichtlich immer härter und verständnisloser trainiert. Irgendwann war er „fertig" und landete als gelegentliches Schulpferd für Töltkurse auf einem großen deutschen Gestüt für Gangpferde. Da er auch noch extremes Sommerekzem hatte, stand er im Stall, wenn er nicht gebraucht wurde – von dem herrlichen Rappen war kaum noch etwas zu erkennen, als ich ihn als Beistellpferd kaufte.

Ich wußte, daß Frodi neben dem Sommerekzem Probleme mit der Hufrolle hatte; das hatte man mir gesagt. Doch wie schlimm es um seine Beine stand, stellte sich trotz Ankaufsuntersuchung durch den Gestütstierarzt erst heraus, als der Rappe schon bei mir war. Die Röntgenaufnahmen meines Tierarztes zeigten den Zustand seiner Beine in grausamer Deutlichkeit – an Reiten war nicht zu denken.

Es dauerte nicht lange, bis ich feststellte, daß das Pferd nur aus Angst bestand: Frodi schrak bei jedem Geräusch zusammen, war absolut scheu und hatte eine ungeheuer große Individualdistanz.

Als ich das erste Mal den Elektrozaun um den Auslauf anstellte, zitterte Frodi am ganzen Körper und hatte

weißen Angstschweiß auf der Brust. Ich konnte mir vorstellen, wie man Frodi behandelt hatte. Also ließ ich ihn in Ruhe. Er bekam einen Spezialbeschlag und lief einfach so in der kleinen Herde herum.
Frodi war zwei Jahre bei mir. Das Sommerekzem bekam ich trotz intensiver Bemühungen nicht in den Griff; gegen Ende des letzten Sommers suchte er aus Angst vor den Mücken mehr und mehr den Offenstall auf. Sein ganzer Bauch war offen, und auch ich sehnte den Winter herbei. In diesem Winter faßte ich den Entschluß: Ich würde ihn auf die ewige Pferdeweide schicken, wenn er entweder einen neuen Schmerzschub bekäme oder bevor das Sommerekzem wieder ausbräche. Er sollte keine Schmerzen mehr haben, und er sollte sich auch nicht mehr jucken, daß die Zäune brechen und der schwere hölzerne Futtertrog umfällt.
Jeden Tag nahm ich ein bißchen Abschied von ihm. Und jeden Tag nahm ich mir vor, daß er ohne Angst sterben würde – auf seiner Weide inmitten seiner Weidegenossen, ohne Arg und Vorahnung.
Natürlich heulte ich vor, während und nach dieser Entscheidung Rotz und Wasser. Aber ich habe nicht geweint oder mein Pferd in irgendeiner Weise ängstlich gemacht, als die tödliche Spritze gesetzt wurde. Es ging ganz schnell, und Frodi hat wohl überhaupt nichts gemerkt. Das war ich ihm schuldig, denn er war in meiner Obhut.
Einer der bekanntesten Gangpferdereiter in Deutschland sagte mir: „Sie haben ihn alle nicht erkannt: Ein großes schwarzes Pferd mit einer phantastischen Ausstrahlung – und mit einer Seele wie eine Feder."

Die Autorin

Uta Over stammt aus einer Pferdezüchterfamilie in Mecklenburg-Vorpommern. Sie war jahrelang in der Redaktion einer Freizeitreiterzeitschrift tätig, bevor sie sich als Fachjournalistin für Pferde selbständig machte. Uta Over schreibt regelmäßig für verschiedene renommierte Pferdefachzeitschriften und hat mehrere Jugend- und Pferdesachbücher veröffentlicht, darunter das im Müller Rüschlikon Verlag erschienene Buch „Zäumungen und Gebisse".
Die erfahrene Reiterin und Pferdefachfrau lebt mit ihren Pferden, Hunden und vielen anderen Tieren auf einem kleinen Hof in der Eifel.

Bildnachweis

Fam. Höller: S. 121;
Zirkus Krone: S. 70;
Carola Nowak: S. 16, 28, 31, 43, 54;
Uta Over: S. 8, 12, 13, 20, 23, 25, 33, 36, 39, 48, 50, 58, 62, 65, 68, 74, 76, 79, 83, 86, 88, 90, 92, 95, 97, 101, 108, 109, 112, 114, 118, 120, 124, 129, 136.

Sachregister